La SAGESSE *du* SOUFISME

À paraître :

La Sagesse du Coran

La Sagesse de l'Hindouisme

La Sagesse du Bouddhisme

La Sagesse du Tao

Titre original : *The Wisdom of Sufism*

www.tredaniel-courrier.com
tredaniel-courrier@wanadoo.fr

ISBN : 2-85829-311-2

La SAGESSE *du* SOUFISME

Textes choisis par Leonard Lewisohn

Traduit de l'anglais par Bernard Dubant

ÉDITIONS VÉGA
65, rue Claude-Bernard
75005 PARIS

SOMMAIRE

INTRODUCTION

«J'ai deux désirs», dit le grand maître soufi Bû 'Alî Siyâh de Merv (m. en 1032), «l'un est d'entendre une parole ou deux apparentée aux paroles de Dieu ; l'autre est de voir quelques-unes des personnes apparentées à Dieu», mais il ajouta : «Je suis illettré, je ne sais ni lire ni écrire. Aussi, quelqu'un peut me parler, en sorte que je l'entende, ou je peux parler, pour qu'il m'entende.»

MUHAMMAD LÂHÎJÎ, 1992, p. 602

Que les origines du soufisme (*tasawwuf*) remontent clairement aux enseignements du Prophète de l'Islam, où il transparaît, est un fait reconnu par des spécialistes et universitaires, dès la génération de R. A.Nicholson, qui démontra l'essence islamique de la doctrine soufie (Nicholson, 1906). Les principaux centres du mouvement ascétique et mystique dans l'islam des commencements, était l'Irak, l'Egypte et le Khorassan. La plupart des fondateurs importants du mysticisme islamique étaient des Perses, venant du Grand Khorassan (aujourd'hui, le nord-est de l'Iran, l'ouest de l'Afghanistan, et l'Asie Centrale) où, à la fin du VIIIe s., les premiers *khânaqâh* (maisons de rencontre) soufis, furent établis. Au commencement du IXe s., l'ésotérisme islamique, en tant que «Voie Soufie», ou *tarîqa*, s'était répandu dans tout le monde musulman, sous une forme pratiquement achevée, avec ses propres substitutions, rites et doctrines. Les pères fondateurs

et les mères fondatrices du soufisme, étaient généralement des érudits religieux, des gnostiques extatiques, et des mystiques, dont la vie de contemplation intense, de prière et de piété ascétique, était imprégnée de gnose et d'amour.

Dans ce bréviaire d'aphorismes, tirés de quelque quatre-vingts sources classiques arabes et persanes, mon choix des auteurs, des sujets, et des textes, est dicté par leur rapport essentiel avec la doctrine soufie, et des considérations concernant l'éloquence et la profondeur d'expression. Cependant, on ne trouvera pas dans ce volume d'étude sur les principaux courants intellectuels, les doctrines théosophiques, les maîtres spirituels, les ordres, et les écoles de soufisme ; le lecteur à la recherche d'une approche plus académique et historique du soufisme, peut se reporter à mon *Héritage du Soufisme*, en trois volumes.

La sagesse des soufis transcende l'histoire et la chronologie, car «la sagesse ne consiste pas en une grande quantité de connaissance, mais en l'utilisation correcte de la connaissance» (al-Khânaqâhî, 1969, p. 67). Étant donné que la réalité (*ma'nâ*) des textes mêmes n'est pas déterminée par les paramètres de l'histoire, ou la fluctuation des idées avec le flux et le reflux des civilisations, des dynasties, des cultures nationales, et des langages, ni les thèmes, ni les textes du soufisme ne sont disposés chronologiquement. Cette considération de William Blake reflète la position soufie :

> Les raisons et les opinions concernant les actes ne sont pas de l'histoire. Les actes mêmes sont l'histoire... Parle-moi des Actes, ô historien, et laisse-moi raisonner à leur sujet comme je le veux ; foin de ton raisonnement et de tes foutaises ! Tout ce qui n'est pas action n'est pas digne d'être lu. Dis-moi le Quoi ; je ne veux pas que tu me dises le Pourquoi, et le Comment ; je peux les découvrir moi-même, aussi bien que toi, et je ne me laisserai pas duper par les opinions que tu te plais à imposer – je récuse ce que tu penses comme improbable ou impossible. Aucun homme ne devrait se donner la peine de lire les opinions de celui qui ne voit pas une disposition spirituelle.
>
> BLAKE, 1972, p. 579

Quand on considère les écrits et les vies des soufis, on perçoit le même esprit que celui qui imprègne les Évangiles, le Coran, et la Torah. Tout est réalité, vie, et action : prière et méditation, abnégation et service, étaient l'essence de leur vie. De leur époque à la nôtre, il n'y eut pas de personne éminente dans la vie de l'esprit qui n'ait pas, comme eux, été éminente dans le combat spirituel et le détachement de la louange et du blâme du monde. C'est la seule voie royale qui conduit au palais de la sagesse.

Les saints et les poètes soufis appelent leur science *'ilm al-haqâ'iq* ou *'ilm al-ishârât* : la science des réalités spirituelles et la science des allusions symboliques (al-Kalâbâdhi, 1989, p. 76). Le but et le fruit de cette science sont toujours la sagesse – *hikmat* – le mot arabe qui est souvent utilisé dans le lexique de l'aristotélisme musulman, pour signifier la «philosophie». Ainsi, les disciples de la révélation, et les partisans de la raison, dans l'islam – le savant rationaliste comme le saint mystique – ont souvent été désignés par le même terme, «*hakîm*» (théosophe). Comme Henry Corbin (1964, p. 14) le remarque : «Le terme *hikmat* est l'équivalent du grec *sophia* ; le terme *hikmât ilâhîya* est l'équivalent littéral du grec *theosophia* » La «sagesse du soufisme» exposée par les maîtres dans ce volume est à la fois humaine et éternelle ; il est dit dans le Coran : 'Dieu accorde la sagesse (*hikmat*) à qui Il veut, et celui à qui la sagesse est donnée, a reçu un bien immense» (II : 269). Muhammad fait allusion à l'ubiquité universelle quand il décrit *hikmat* comme «le chameau perdu du croyant» (Furûzânfar, 1982, p. 57), mettant ceux qui la reconnaissent en présence des rois, comme Rumi le commentera plus tard (Rumi, 1982, II : 1669).

Après avoir donné quelques définitions fondamentales du soufisme et des soufis, le premier chapitre présente brièvement certains principes fondamentaux de la vie mystique soufie, correspondant aux aspects les plus légalistes du soufisme : le droit canon, ou *sharî'a*. Ainsi, étant donné que le Coran, le *Liber revelatus* de l'islam, et le Prophète Muhammad, constituent la double base de la doctrine et de la foi soufies, sont présentées des citations des grands maîtres sur ces deux sujets. Dans l'islam, la prophétie est le fondement de la sainteté ; ainsi, dans le soufisme, la maîtrise spirituelle qui n'est pas précédée de l'état de disciple est chose absurde : nul ne peut se

ازروی انکاری گفتند کاین صورت مناسب نیست که حضرت شیخ از کتاب می ستدند

درویش این سخن را در مجلس آنحضرت مذکور ساخته بزبان شیرازی نموده که کیش و ارزه و نواز

خوش بکیش و ابرخج و باز خوش پکین و زبهان کش و ایکی سرو ناز خوش گمویت در شهر

شیراز آن جوان بخدمت شیخ مشغول بوده و پای آنحضرت را می مالید چنانکه شیخ عراقی فرماید

خوبان او اینجا عاشق مرشد   روزبه بود و از شهر تیر شد   سالها احاجان فیروز

prévaloir de la science du souffisme sans la méditation du Prophète ('Assâr, 1997, p. 263).

Le deuxième chapitre est consacré à l'aspect social et communautaire de la voie soufie (*tarîqa*) ; il aborde certains thèmes plus œcuméniques du soufisme. La première section de ce chapitre comporte des citations des soufis classiques, évitant la pratique commune, où la direction spirituelle échoit par droit de naissance, comme les titres princiers – malheureusement, ce népotisme est encore à la base du soufisme en Occident, comme en Orient (Lewisohn, 1998-1999). De même que la spiritualité de la solitude est inconnue dans l'islam, ainsi, il n'y a pas d'exhortation à la méditation anachorétique, indépendante de la société. Le «service» et «l'obéissance à Dieu», prêchés et pratiqués par les soufis, sont tout service à l'humanité, car le créateur n'exige pas de dévotion plus haute que le service envers ses semblables. Plusieurs sections de ce chapitre, concernant l'éthique, le service, l'humilité, la bonne humeur, la courtoisie et la pauvreté spirituelle, exposent les vertus principales de cette voie de service et de dévotion.

Le troisième chapitre comporte des déclarations faites par les maîtres sur les pratiques spirituelles et les états mystiques, correspondant chez les soufis à ce que l'on pourrait traduire approximativement par «Réalité divine» (*haqîqat*) : la troisième partie de la triade, dont les deux premiers membres sont *sharî'at* et *tarîqat*. Le Prophète a dit : «La loi religieuse (*sharî'at*) est mon discours, la voie spirituelle (*tarîqat*) est mes actes, et la Vérité (*haqîqat*), mon état» (Nurbakhsh, 1981, p. 63). Les dernières sections sur la gnose et le gnostique, le ciel et l'enfer, fournissent quelques exemples d'attitudes antinomiques caractéristiques, adoptées par les mystiques soufis. Les citations présentées dans ce chapitre embrassent la plupart des «réalités» essentielles du soufisme – toujours plus faciles à comprendre par la pratique, que par la théorie intellectuelle – comme l'amour divin, le détachement, la foi en Dieu, la prière du cœur, les états et les stations spirituels, la musique et le chant.

Cette Vérité/Réalité (*haqîqat*) professée par les soufis, a pour meilleure expression les allusions symboliques indirectes ; elle est saisie d'une manière plus efficace par la métaphore poétique, que par les affirmations logiques ou la prose didactique. Paradoxe, allusion symbolique, et expression apophatique, sont plus des instruments de description de la gnose soufie que des déclarations littérales de la raison. Sans l'embrasement du cœur, dans une souffrance brûlante, il n'y a pas lieu de parler religion, disent les soufis. Nul ne peut même trouver le repos dans la «foi» sans la beauté de l'aspiration à l'union (Maybudî, 1952-60, V, p. 182). Ainsi, il est préférable de laisser débattre de la raison ou de l'amour (*nomos* et *eros*) ceux qui, incapables de se libérer de leur ego grâce à la contemplation divine, s'engagent dans le service, dans le cadre du droit canon. Comme le dit Maghribî (m. en 1408) le dit :

Laisse le blasphème et la croyance
Aux soins des infidèles et des fidèles...
Reste plongé en elle, totalement annihilé et immergé
De toute foi, de toute infidélité
Sois silencieux !

MAGHRIBÎ, 1993, 145 :3

LEONARD LEWISOHN

Note sur la traduction [en anglais]. Dans ce livre, presque toutes les traductions, de l'arabe ou du persan, ont été faites par l'auteur de l'anthologie. Dans les cas où des traductions publiées des manuels soufis existent déjà, j'ai tenu aussi à faire mes propres traductions. Dans quelques rares cas, des traductions du persan, faites par l'éditeur des recueils de maximes soufies, réunies par le Dr Javad Nurbakhsh (indiquées dans la bibliographie) sont utilisées, et la référence à ses monographies variées en persan sur Bâyazîd, Hasan al-Basrî, Dhû'l-Nun al-Misrî, Hallâj et Shiblî, a été faite. À cet égard, je tiens à remercier Terry Graham pour son aide à l'attribution exacte de certaines références à Hasan al-Basrî et Dhû'l-Nûn al-Misrî, en particulier.

REMERCIEMENTS

Les illustrations des p. 49, 97, 125, 160, sont reproduites grâce à l'aimable permission des Administrateurs de la Chester Beatty Library, Dublin. Les illustrations des p. xii, 53, 65, 77, 112, 116, 145, 172, 181, 197, 209, sont reproduites avec la permission de la Bodleian Library, Oxford. Le dessin de Rembrandt, p. 57, 176, Copyright The British Museum, p. 92, 193 : Derviches dansant dans la cour d'un immeuble ; Kulliyyat de Sa'adi Shirazi, Aby' Abd-Allah Musharrif al-Din ibn Muslih (v 1213/19-1292) Perse, Shiraz, M.530, f.411v, permission de The Pierpont Morgan Library/Art Resource, NY.

PRINCIPES ET DÉFINITIONS DU SOUFISME

QU'EST-CE QUE LE SOUFISME ?

ABÛ'L-HUSAYN AL-NÛRÎ (m. en 907) disait : «Le soufisme n'est ni pratiques coutumières, ni connaisance ; il est éthique. S'il consistait en pratiques coutumières, il pourrait alors être acquis grâce à l'effort, et s'il était simplement connaissance, il serait acquis au moyen de l'instruction. Ainsi, il repose sur l'éthique, étant donné que l'on ne peut réaliser aucune moralité si l'on ne s'impose pas d'agir selon les principes sur lesquels il est fondé, dans tout ce que l'on fait, et que l'on ne satisfasse pas à ce qui va de pair avec lui.»

HUJWÎRI : *Kashf al-Mahjûb, 47*

NOTRE SHAYKH, Abû Sa'îd (m. en 1048) – que Dieu sanctifie sa chère âme – disait : «Plus de cent maîtres soufis ont discouru sur le soufisme. Mais ils ont tous fini par professer ce qui était professé au commencement. Leurs expressions étaient variées, mais le point essentiel était le même : 'Le soufisme est l'abandon de l'affectation'. Or, il n'est d'affectation que votre 'égoïté', étant donné que chaque fois que vous êtes occupé avec votre égoïté, vous êtes éloigné de Dieu.»

IBN MUNAWWAR : *Asrâr at-tawhîd* ; Safâ, 200

La science du soufisme est infinie, car elle est octroyée par la Grâce divine, et non par l'effort humain. Elle est apprise par l'inspiration, et non au moyen de la mémorisation. Ainsi, ses grâces sont éternelles, car elles proviennent d'un Être d'origine infinie.

BUKHÂRÎ : *Sharh-i Ta'arruf*, 257

Le soufisme n'est qu'un nom pour des habits, mais les soufis n'ont pas d'états et de stations uniformes.

QANNÂD, in Sarrâj Tusî : *Kitâb al-Luma'*, 27

« Le soufisme est une modalité d'être dans laquelle un disciple subsiste», disait Abû'l-Qâsim Junayd. «Une modalité humaine ou divine ?» lui demanda-t-on. Il dit : «En réalité, c'est une modalité divine, mais elle est nominalement attribuée à l'homme.»

'ATTÂR, *Tadhkirat*, 441

Le soufisme est une lumière de Dieu montrant la voie vers Dieu, et une pensée de Dieu ayant trait à Dieu.

NASRÂBÂDI, in 'Attâr : *Tadhkirat*, 793

LE SOUFISME est émancipation du cœur de l'implication dans les êtres créés, une séparation de la moralité de la nature, une mortification des qualités de la nature humaine, un éloignement de ce à quoi la passion aspire, une assomption des qualités spirituelles, une élévation de soi-même aux sciences de la Vérité, une constance dans l'accomplissement de sa tâche dans l'ordre correct de priorité, le don de l'admonition à tous les musulmans, la constance de la foi dans la Réalité divine, et l'obéissance au Prophète – la paix soit sur lui – dans la *Sharî'at*.

JUNAYD, in 'Attâr : *Tadhkirat*, 446

LE SOUFISME, c'est s'asseoir quelques instants sans peines ni soucis, avec Dieu.

JUNAYD, in 'Ansârî : *Tabaqât*, 201

LE SOUFISME est le souvenir de Dieu, puis l'extase, puis ni ceci ni cela.

JUNAYD, in 'Attâr : *Tadhkirat*, 441

QUELQU'UN vit Bâyazîd en rêve et demanda : «Qu'est-ce que le soufisme ?» «C'est fermer la porte du réconfort et reposer sur soi-même, répondit-il, et se mettre derrière les genoux de la tribulation.»

'ATTÂR, *Tadhkirat*, 210

L'ÉTAT DE DERVICHE ne consiste ni à faire des prières rituelles, ni à jeûner, ni à veiller. Ce ne sont que des moyens de servir Dieu. Être un derviche, c'est n'être pas offensé, car si tu réalises cela, tu seras un avec Dieu.

BALYÂNÎ, in Jâmî : *Nafahât al-uns*, 267

DERVICHES ET SOUFIS

Le «soufi», dans la mesure où il est réellement un «soufi», se dérobe à [l'appréhension de] l'intelligence humaine [ordinaire], et s'il est visible sous sa forme corporelle, le reste de ses états ne se révèle pas à l'examen séculier... Ceux qui ressortissent à Sa gnose (*ahl 'irfânahu*) et qui sont Ses serviteurs et disciples choisis, sont inconnus des gens du monde, ceux qui suivent les luxures charnelles ne peuvent comprendre leurs états, et même s'ils font leur possible pour entrer dans leurs rangs, leur mental enténébré et leur nature basse ne peuvent atteindre ce degré élevé. Ces adeptes sont derrière les rideaux de la Présence auguste de Dieu, et sous le dôme de Sa Majesté, ils sont cachés à la vue des scélérats et des gens corrompus.

MULLÂ SADRÂ : *Kasr Asnâm*, 104

UN JOUR, un jeune homme prit place parmi les disciples de Junayd. Il gardait tout le temps la tête baissée, ne la relevant que pendant la prière rituelle. Puis, soudain, il partit. Junayd demanda à un disciple de le chercher : «Demande ceci au jeune homme, lui dit-il : Étant donné que le soufi est caractérisé par la pureté (*safâ*), comment peut-on reconnaître une chose (la pureté) qui dépasse toute description ?» Le disciple partit rejoindre le jeune homme, auquel il posa la question ; celui-ci répondit : «Sois au-delà de la description jusqu'à ce que tu découvres ce que c'est que de transcender la description.» Junayd fut étonné, et la grandeur de cette réponse le plongea plusieurs jours dans la perplexité. Il soupira enfin : «Quel pèlerin de haut vol il était – hélas ! Nous n'avons pas reconnu sa stature !»

'ATTÂR, *Tadhkirat*, 441

IL N'EST PAS un soufi, celui qui ne considère pas le genre humain comme sa propre famille.

SHIBLÎ in 'Attâr : *Tadhkirat*, 129 ; Ibn Munawwar, *Asrâr at-tawhîd*, 261

LES SOUFIS sont ceux qui ne subsistent que par Dieu, car ils ne connaissent personne d'autre que Lui.

JUNAYD in 'Attâr : *Tadhkirat*, 441

LE SOUFI est celui qui regarde le genre humain dans sa totalité avec une empathie tendre et cordiale, considérant comme un devoir de porter le fardeau de tous, étant donné qu'il perçoit que leur emprisonnement et leur privation est selon la volonté de Dieu, sachant qu'ils sont sous la domination d'une Providence omnipotente.

ABÛ SA'ÎD, in Ibn Munawwar : *Asrâr at-tawhîd*, 261

LA VOIE des derviches est l'invocation (*dhikr*) et le souvenir (*fikr*) de Dieu, l'obéissance (*ta'at*) et le service (*khidmat*), la générosité du sacrifice de soi (*ithâr*) et le contentement (*qanâ'at*), l'Unité divine (*tawhîd*), la foi en Dieu (*tawakkul*), l'anti-matérialisme d'abnégation (*tajrîd*), et la patience (*tahammul*). Quiconque est doué de ces caractéristiques est un véritable derviche, même s'il est vêtu d'une simple tunique. Cependant, le libertin dissolu qui néglige d'observer la prière rituelle, qui cède à ses passions, et tout désir frivole, qui se complaît dans les liens de la sensualité de l'aube au crépuscule, changeant le jour en nuit dans un sommeil oublieux, qui mange tout ce qui est sur la table, et dit tout ce qui lui vient sur la langue – même s'il est vêtu de l'habit du derviche, n'est rien d'autre qu'un coquin.

SA'ADÎ : *Gulistan-i Sa'dî*, 232-3

Le tourment du cœur du derviche, c'est la cérémonie et la pompe.

ISFARÂYÎNÎ : *Kâshif al-asrâr*, 34

Le derviche n'est qu'un bloc de terre tamisée aspergé d'un peu d'eau, qui ne blesse pas la plante des pieds, ni ne laisse de traînée de poussière derrière.

ÂNSÂRÎ : *Rasâ'il-i Jâma',* 35

Souvent dans des haillons de mendiant, il y a un homme illuminé ;
Le feutre et la toile à sac vêtent et cachent l'homme de cœur.
Dans la foule des derviches, un seul homme compte
Mais ne méprise pas le reste – ils sont igonrants.

FAYD-I KÂSHÂNÎ, *Dah risâlah*, 103

Le soufi possède quatre-vingt-dix-neuf mondes. L'un de ces mondes jette une ombre sur ce monde, de la terre aux Pléiades, de l'Orient à l'Occident. Dans les quatre-vingt-dix-huit autres mondes, il n'y a ni discours ni vision. Le soufi est un jour qui n'a pas besoin de soleil, une nuit qui n'a pas besoin de lune, et une étoile qui n'a pas besoin de rayons lunaires ou solaires.

KHARAQÂNÎ in 'Attâr : *Tadhkirat*, 700

L'EXEMPLE DU PROPHÈTE MUHAMMAD

ABÛ QÂSIM al-Junayd, maître et chef des soufis, a dit... 'Quiconque ne mémorise pas le Coran et ne suit pas les Traditions, ne doit pas être imité, car toute notre connaissance est consignée dans le Livre et l'Exemple du Prophète.» Il dit en outre : «Cette connaissance nôtre est fondée sur les Traditions et sur le Messager de Dieu, que Dieu le bénisse et lui donne la paix... Abû 'Uthmân al-Hirî a dit : «Quiconque fait de l'Exemple du Prophète sa règle pour ce qui est du langage et de l'action, parle avec sagesse ; quiconque laisse la passion le gouverner, parle comme un innovateur : « Dieu le Très Haut a dit : «Et si tu lui obéis, tu seras guidé...» (24-54). Ibn 'Atâ' a dit : «Quand une personne se conforme à l'Exemple du Prophète, Dieu illumine son cœur avec la lumière de la connaissance intime.»

MANIRÎ, *The Hundred Letters*, 99

LA PREMIÈRE SOURCE sur laquelle la connaissance divine prééternelle se répandit, ce fut le cœur pur de Muhammad dont l'âme prophétique a été purgée des fautes ténébreuses du désir passionnel et des infirmités de la nature au moyen de purification divine... Et du cœur et de l'âme purs du Prophète, s'écoulèrent la grâce des sciences, des états mystiques, de l'éthique et des actes méritoires, dans le cœur et l'âme du reste de la communauté... Ainsi, il est évident que l'existence du Seigneur de l'Univers (Muhammad) – que les bénédictions suprêmes soient sur lui – est la source originelle de toutes les sciences, et que la dérivation des lumières des sciences exotériques et ésotériques, sont de la niche des paroles parfaites et des luminaires de ses œuvres, de son éthique et de ses états mystiques exemplaires. Tout scintillement de lumière qui ne provient pas de la Lampe de son état de Prophète (*nubuwwat*) ne peut en réalité être appelé 'connaissance' ('*ilm*), car les sciences de tous les lettrés instruits ne sont qu'une tasse d'eau issue de la grâce de sa connaissance... «Il répand l'eau des cieux, et les wadis s'écoulent selon leur mesure» (XIII : 17).

'IZZ AL-DÎN MAHMÛD KÂSHÂNÎ : *Misbâh al-hidâya*, 61-2

AS-TU JAMAIS VU un Musulman Infidèle ? Tous les fidèles sont devenus infidèles par la beauté et la séduction de Muhammad, Prophète de Dieu, mais aucun n'en est conscient ! Mais tant que tu ne réalises pas l'infidélité, tu n'atteindras jamais la Foi de l'Idolâtrie (*îmân-î but-parastî*). Quand tu arriveras à la frontière de la Foi et que tu regarderas par la porte du palais royal de «Il n'est de dieu que Dieu et Muhammad est son Prophète» cette idolâtrie y est inscrite, et renferme la totalité de ta Foi – c'est la réalisation complète du *nunc aeternum* (*waqt*, 'instant éternel'), et cet état mystique est la culmination de toute religion et de toute foi.

'AYN AL-QUDÂT HAMADHÂNÎ : *Tamhâdât*, 117-8

QUAND DIEU désire admettre une personne en Sa Présence, et l'illuminer avec Lui-Même, Il lui octroie une vision. C'est le sens de «Si tu lui (au Prophète) obéis, tu seras guidé justement» (XXIV : 54). C'est-à-dire, au moyen de l'illumination de la lumière divine, il est donné à l'homme un œil et une oreille... À ce degré, le mystique a transcendé le domaine matériel comme le domaine spirituel, ayant rejeté la peau de son propre moi, et celle de l'humanité en général.

'AYN AL-QUDÂT HAMADHÂNÎ : *Tamhîdât*, 270-1

J'AI VU le Prophète de Dieu (la paix soit sur lui) en rêve. «Râbi'a [m. v. 788-92], m'aimes-tu ?» demanda-t-il. «Ô Prophète de Dieu, ai-je répondu, qui ne t'aime pas ? Cependant, l'amour de Dieu m'a tant ravi qu'il ne reste aucune place en mon cœur pour l'amour d'un autre être, ami ou ennemi.»

'ATTÂR : *Tadhkirat*, 80

LE SULTAN MAHMÛD de Ghazna se rendit à la ville de Kharaqân pour présenter ses respects au maître soufi Abû-l Hasan Kharaqânî [m. en 1034]. Il planta sa tente à proximité et envoya un émissaire annoncer que le Roi était arrivé après avoir parcouru une grande distance, pour lui rendre visite, demandant que Kharaqânî quitte son Khânaqâh et le rencontre dans sa tente. Si Kharaqânî refusait, l'émissaire avait reçu comme instruction de citer le verset suivant : «Ô toi qui crois ! Obéis à Dieu, et obéis au messager et à ceux d'entre vous qui sont dans l'autorité.» L'émissaire porta son message. Quand Kharaqânî tenta poliment de s'excuser, l'émissaire récita le verset coranique.

Le maître répondit : «Dis à Muhammad que je suis encore si immergé dans 'Obéis à Dieu', que j'ai de l'embarras à admettre que je n'ai pas encore réalisé 'Obéis au messager', sans parler de 'à ceux qui sont dans l'autorité'.»

'ATTÂR : *Tadhkirat*, 668

TOUS LES MAÎTRES de la Voie soufie sont unaniment en accord sur le fait que dans leurs conditions spirituelles (*awqât*) et leurs états spirituels (*ahwâl*), les saints sont toujours les disciples des prophètes... Bâyazîd Bistâmî (m. en 875) racontait : «J'ai vu que mon esprit (*sirr*) était élevé aux cieux, et le Paradis et l'Enfer lui furent montrés, mais il ne regarda rien et ne leur prêta pas attention, car il avait dépassé les choses créées et les voiles. Alors je devins un oiseau volant dans l'atmosphère de la divine Ipséité, jusqu'à ce que je parvinsse à la sphère de l'Unité. Mes ailes étaient d'Éternité, et je continuai de voler dans l'air de l'Absolu, et je suis arrivé dans la sphère de purification, et j'ai vu l'arbre de la Pré-éternité. Quand j'ai regardé à nouveau, j'ai vu que j'étais moi-même toutes ces choses. 'Ô Dieu', m'exclamai-je, 'avec cet ego mien il n'y a pas de voie jusqu'à Toi ! Je ne peux passer outre mon égoïté. Que dois-je faire ?' Alors, un commandement vint d'en haut : «La libération de 'toi' de toi, la libération de l'égoïté que tu cherches, se réalise grâce à l'obéissance à Notre ami (Muhammad). Passe sur tes paupières le collyre de la poussière de ses pieds. Suis-le continuellement.»

HUJWÎRÎ : *Kashf al-mahjûb*, 303, 306

LE CORAN

L'UNE DES CONDITIONS du soufisme, c'est que le soufi soit un théosophe (*hakîm*), car le soufisme est tout théosophie (*hikmat*). Comme le dit l'adage : «Le soufisme est toutes les bonnes manières (*adab*).» Pour être doté des traits de la moralité divine, le soufi doit posséder une gnose parfaite, une intelligence prépondérante, une présence du cœur, et une stabilité spirituelle, s'il ne veut pas succomber aux accès de la passion. Aussi, le Coran doit être le guide du soufi, de façon que, où que l'Essence de Dieu se manifeste dans une certaine qualité, il ou elle puisse aussi se caractériser lui-même ou elle-même avec cette qualité divine.

SHÂH NI'MATU'LLÂH : *Risâlahâ*, IV 270

LES SOUFIS sont unanimes à confesser que le Coran est la véritable Parole de Dieu (*kalâm Allâh*) Tout-Puissant, qu'il n'est pas créé, que son origine n'est pas temporelle, qu'il n'est pas une fabrication artificielle. Il est récité par nos langues, inscrit dans nos livres, mémorisé dans notre cœur, auquel il est confié, mais il n'est qualitativement contenu dans aucune de ces choses. Ils confessent aussi qu'il n'est ni corps, ni substance, ni accident... Du point de vue grammatical, «Qur'ân» a diverses modalités de signification. C'est le substantif verbal de l'infinitif arabe «réciter», comme dans cet aphorisme de Dieu : «Et quand Nous le récitons, vous suivez sa récitation» (LXXV : 18). Le terme «Qur'an» peut aussi signifier la collection de phonèmes et de lettres assemblés dans un texte appelé «le Qu'ran» – et c'est pourquoi le Prophète enjoignit de ne pas voyager parmi des ennemis avec le Coran. Ainsi, la Parole de Dieu est appelée le «Qur'an», alors que toute autre «parole» (*qur'ân*) autre que la Parole de Dieu est temporelle et créée. Le Coran, qui est la Parole de Dieu, transcende la production temporelle, et est incréé.

KALÂBÂDHÎ : *Al-ta'arruf*, 18-20

HÉLAS ! DANS le Coran, nous ne voyons que des lettres noires sur du papier blanc. Tant que tu es «dans l'existence» (*dar wujûd*), rien d'autre n'est vu que le noir et le blanc ; quand tu pars de «l'existence», la Parole de Dieu (*kalâm Allâh*, i. e. le Coran) t'oblitèrera dans ton être et te conduira de l'oblitération à la consolidation (*ithbât*). Ayant réalisé la consolidation, tu ne verras plus de noirceur – tout ce que tu vois est blanc. Aussi, lis ce verset : «Avec Dieu est la source du Livre [XIII : 39]. Ô, Chevalier, le Coran a été envoyé au genre humain enveloppé dans des milliers de voiles. Si la majesté du point sous le *bâ'* de *basmala* devait tomber sur la terre ou les cieux, ils se désintègreraient tous deux immédiatement et fondraient, car «Si Nous avions fait descendre ce Coran sur une montagne, vous l'auriez vue s'aplatir, mise en pièces par la crainte de Dieu» [LIX : 21].

'AYN AL-QUDÂT HÂMADHÂNÎ, *Tamhîdât*, 172-3

JUSQU'À L'AUBE de la Résurrection
le Coran bat le tambour
et crie :

'Ô cabale d'idiots !
    Ô troupeau de niais !
Vous pensiez que j'étais un mythe,
    un conte de fée rêvé par l'homme.
Vous avez semé les graines du ridicule ;
    vous vous êtes moqués de la foi et vous m'avez méprisé
comme une parodie... mais maintenant vous voyez
    ce qu'il en est de toute votre raillerie :
Regardez-vous vous-mêmes, déchets mortels,
    vols futiles d'illusion...

Non ! Je suis la parole de Dieu, l'Essence de
    la Nécessité, survivant toute l'Éternité !
Je suis le menu de l'Esprit, l'hyacinthe de la probité.»

RÛMÎ : *Mathnawî*, III : 4284-7

الهيبة لله
النصرة لله

CEUX QUI sont allés devant toi [c'est-à-dire, les compagnons du Prophète] considéraient le Coran comme une lettre qui leur était envoyée par Dieu. La nuit, ils y réfléchissaient, et le jour, ils le mettaient en pratique. Vous l'avez étudié, mais vous ne l'avez pas mis en action. Vous avez appris chacune de ses consonnes, de ses voyelles, de ses signes diacritiques, mais vous en avez fait un livre de ce monde.

HASAN BASRÎ in 'Attâr : *Tadhkirat*, 45

SACHEZ QUE les paroles du Coran ont un sens exotérique, sous lequel gît un sens ésotérique au pouvoir écrasant. Sous ce sens ésotérique, il y a un troisième sens ésotérique, dans lequel toute la raison humaine périt. Quant au quatrième sens intérieur du Coran – sauf Dieu qui est sans égal ni ressemblance – personne ne l'a jamais scruté. Aussi, mon enfant, ne te contente pas de considérer le sens extérieur du Coran, car le démon ne peut rien voir en l'homme, que la poussière. Le sens exotérique du Coran est comme une personne dont l'aspect physique est évident et visible, mais dont l'esprit est caché. Un homme peut vivre en la compagnie de ses oncles pendant cent ans, tandis qu'ils ne saisissent jamais un fragment de cheveu de cet état mystique.

RUMÎ : *Mathnawî*, III : 4244-9

L'INTERPRÉTATION véritable du Coran est ce qui t'inspire et te met en garde, te remplissant d'espoir, t'incitant à servir, t'apprenant l'humilité, en te donnant le sens du respect et de la vénération. Si l'interprétation te rend stupide et relâché, tu dois savoir que c'est en fait une «incompréhension», plutôt qu'une interprétation. Le Coran a été révélé pour animer les gens, pour tendre une main aux désespérés. Ne demandez le sens du Coran qu'au seul Coran. Autrement, informez-vous auprès de quelqu'un qui a consumé ses passions, consacré sa vie au Coran, se prosternant devant lui en hommage, de façon que son esprit soit devenu, en essence, le Coran.

RÛMI, *Mathnawî*, V : 3125-9

CELUI QUI confesse [sa foi dans] les Écritures voit la jeune épouse de la beauté spirituelle du Coran... percevant avec pure transparence ses sept couches de signification et, étant parvenu au «Avec Lui est la source de l'Écriture» [XIII : 39], il comprend le sens du Coran. Il devient si noyé et effacé dans sa lumière que ni Coran ni récitant ne demeurent ; ce qui reste, c'est la récitation et l'inscription [transcendantes].

'AYN AL-QUDÂT HAMADHÂNÎ : *Tamhîdât*, 3-4

LE DIEU DU SOUFI

UN HOMME du Khawârij se rendit en présence d'Abû Ja'far al-Sâdiq (m. en 765) et lui dit : «Abû Ja'far, quel est l'objet de ton culte ?» «Dieu», dit-il. «Le vois-tu ?» demanda-t-il. «Non, répondit-il, les yeux ne Le voient pas avec la vision optique, mais les cœurs Le voient au moyen des réalités de la foi. Il n'est pas connu par raisonnement analogique. Il n'est pas appréhendé par les sens, et il ne peut être comparé aux hommes. Il est décrit par des signes et compris au moyen de symboles.»

KULAYNÎ : *Al-Usûl al-kâfi*, 54

COMBIEN DIEU est transcendant et immaculé ! Il n'a ni lieu, ni temps, ni commencement, ni continuité temporelle, ni éternité postérieure, ni antériorité temporelle, ni fin, et cependant, Il ne s'occupe pas de ce qu'Il a fait exister, ni n'en cherche l'aide. Néanmoins, Il est dans toutes les affaires où Ses commadements sont donnés aux gens.

SHIBLÎ in Sarrâj Tûsî : *Kitâb al-luma'*, 364

TIENS POUR certain que la plupart des gens adorent un Dieu imaginaire et artificiel, car chacun a construit une forme imaginaire dans son mental, qu'il considère comme Dieu. Cette forme qu'ils adorent comme Dieu, cette forme imaginaire n'est qu'un produit artificiel de leur mental. En même temps, ces gens accusent de faute les autres, qu'ils traitent «d'adorateurs d'idoles», disant qu'ils sont des païens, des dévots des images gravées, mais ces trouveurs de fautes ne réalisent pas qu'ils sont sujets à la même idolâtrie. En réalité, l'idolâtrie est toute leur foi ! Ils n'ont pas conscience du Seigneur des Seigneurs, du Dieu Absolu.

NASAFÎ : *Zubdat al-haqâ'iq*, 83

LE DIEU du croyant est fait par celui-ci qui observe Celui-là – aussi, ce Dieu est fabriqué. Ainsi, la louange de ce qu'il a fabriqué, est la louange qu'il adresse à lui-même. C'est pourquoi il blâme la croyance des autres. S'il était équitable, il ne ferait pas cela. Mais, bien sûr, le possesseur de cet objet de culte spécifique est ignorant de cela, étant donné qu'il critique les autres pour ce qu'ils croient quant à Dieu. S'il savait ce que Junayd a dit – que l'eau prend la couleur du récipient – il laisserait chaque croyant avoir sa propre croyance, et il reconnaîtrait Dieu sous la forme de chaque objet de croyance.

IBN 'ARABÎ in Chittick : *Sufi Path of Knowledge*, 344

IL NE FAIT aucun doute que chaque chose a son propre «seigneur» particulier, mais il y a un monde de différence entre ce «seigneur» et le Seigneur des Seigneurs. Quiconque est parvenu devant la Face de Dieu mais n'a pas réalisé l'Essence de Dieu, ne vaut pas mieux qu'un idolâtre, qui est occupé jour et nuit à combattre les autres et à disputer avec eux, fanatiquement intolérant et opposé à la conduite de quiconque est différent de lui.

Quiconque transcende la Face et réalise l'Essence, est libéré du culte des idoles, adorant Dieu dans l'unité, et il fait la paix avec tout le genre humain. Il est ainsi émancipé de l'opposition aux idées des autres gens, et à leur dénonciation. Cependant, la personne qui n'arrive qu'à la Face divine, n'est qu'un polythéiste associant d'autres déités à Dieu, même si, extérieurement, il se déclare disciple de Dieu seul.

NASAFÎ : *Zubdat al-haqâ'iq*, 83

QUICONQUE ADORE quelque chose adore Dieu, parce que, quel que soit l'objet vers lequel une personne tourne son adoration, c'est vers l'expression divine (*wajh-i khudâ*) qu'elle se tourne. Cet objet particulier est périssable et transitoire (*fanî*), et l'expression divine permanente et durable (*baqî*). Tel est le sens de «Tout ce qui y est (sur la face de la terre) périra et ce qui persiste, c'est l'expression glorieuse du Seigneur.» (LV : 26-7)... Ô derviche, Dieu a dit : «Je n'ai créé l'homme et le jinn, que pour qu'ils M'adorent» (LI : 56). La Parole de Dieu ne comporte pas de contradictions. Aussi, vous devez tenir pour certain que quiconque adore quelque chose, adore Dieu, et, en fait, qu'il n'est pas possible d'adorer quelque chose de différent de Dieu. Et ce discours est extrêmement bon ; pour quiconque le comprend, les portes de la connaissance sont ouvertes, et les tâches difficiles deviennent faciles. Une telle personne est en paix avec tous les gens du monde, et elle est libérée de toutes les objections envers eux, et de leur refus.

NASAFÎ, *Kitâb-i Insân al-kâmil*, 284

LES SAINTS ET LA SAINTETÉ

EN VÉRITÉ, les saints amis de Dieu (*awliyâ'*) sont ceux qui ne sont pas visités par la peur ou le chagrin...

CORAN, X : 62

PARMI LES caractéristiques de l'ami de Dieu – du saint (*walî*) – il y a son absence de peur, car la peur vient de l'attente d'une calamité future imaginaire, ou de ce que l'on envisage la perte de ce que l'on chérit et aime. Mais l'ami de Dieu est l'enfant de l'instant présent. Il n'a pas de futur dont il peut craindre quoi que ce soit, et comme il n'a pas de peur, il n'a pas d'espérance, car l'espoir implique que l'on attende quelque chose dans le futur que l'on chérit, ou que l'on attende d'être soulagé de quelque chose que l'on déteste. Il n'a pas le moindre chagrin, car le chagrin vient de la souillure de son moment contemplatif. Comment quelqu'un qui vit dans le temple du contentement avec Dieu et demeure dans le jardin de l'affirmation harmonieuse de Sa volonté peut-il jamais ressentir du chagrin ?

JUNAYD in Hujwîrî : *Kashf al-mahjûb*, 273

S'IL BRÛLE ton verger, Il te donnera des raisins ; et au milieu du chagrin, il octroie le bonheur. Il donnera une main au manchot – car ces chagrins mêmes créent un cœur enivré. Pour cette raison, l'ami de Dieu ne se plaint jamais : tout ce qui lui est pris lui est rendu sous une autre forme.

RÛMÎ : *Mathnawi*, III, 1872-4

SACHE QUE la foi (*imân*) est connaissance, et que la sainteté (*wilâyat*) est connaissance, et que la prophétie (*nubuwwat*) est aussi connaissance. On peut dire aussi que la foi est une lumière, la sainteté une lumière, et la prophétie une lumière aussi. La lumière de la foi, cependant, est comme la lumière stellaire ; la lumière de la sainteté est comme le clair de lune, et celle de la prophétie, comme la lumière du soleil. Ainsi, si la foi est lumière, la sainteté est la lumière de la lumière, et la prophétie est la lumière de la lumière de la lumière. Si la foi est révélation, la sainteté est révélation de la révélation, et la prophétie, révélation de la révélation de la révélation.

NASAFÎ : *Kashf al-haqâ'iq*, 81

QUAND DIEU veut faire Son ami de l'un de Ses serviteurs, Il ouvre pour lui la porte de Son souvenir. Quand il fait l'expérience de la douce lumière du souvenir, Il ouvre pour lui la porte de la proximité. Puis Il l'élève aux assemblées de Son intimité. Puis il l'assoit sur le trône de l'unité divine. Alors Il ôte de lui le voile, et le conduit à la demeure de l'unicité et lui révèle la splendeur et la majesté divines. Quand il jette son regard sur la majesté et la toute-puissance divines, rien de lui ne demeure. Alors, le moi du serviteur est entièrement annihilé pour un temps. Après cela, il se place sous l'auguste protection de Dieu, libéré de toutes les prétentions de son moi.

QUSHAYRÎ : *al-Risâlat al-Qushayriyya*, 263

UN AMI DE DIEU se signale par trois qualités : une générosité semblable à celle de l'océan, une compassion comparable à celle du soleil, et une humilité égale à celle de la terre.

BÂYAZÎD in 'Attâr : *Tadhkirat*, 193

LES AMIS de Dieu sont des perles de sagesse dans les océans des sciences de la Réalité. Ils sont le soleil de la dévotion dans les cieux de la nature humaine primordiale qui est établie de façon permanente dans le testament de la faveur divine, honorés de la présence de Dieu, trésoriers des mystères divins, décrits par la Loi, étant eux-mêmes la démonstration de la Réalité divine. La lignée de Muhammad dans le domaine des vérités spirituelles est ressuscitée à travers eux, la Voie de la justice est constante grâce à leur fermeté. Leur caractère extérieur est orné des prescriptions du droit canon, leur être intérieur est illuminé par le joyau étincelant de la pauvreté spirituelle... Ce qui signale un ami de Dieu, c'est la substance même de la sainte révérence, de la tête aux pieds ; ses yeux sont, pourrait-on dire, peints avec la révérence, de façon qu'il ne regarde rien d'inconvenant. Sa langue est assujettie par la courtoisie, de façon qu'il ne profère aucune parole frivole ; son pied est enchaîné par la réalité divine, de façon qu'il n'aille pas vagabonder, en tout lieu, à la merci de la fortune. Ses membres sont liés avec les liens de la servitude, de façon qu'il ne se ceigne les reins qu'au service de la Vérité.

ANSÂRÎ in Maybudî : *Kashf al-asrâr*, IV : 315

DISCIPLES ET DISCIPLINE

QUAND UN HOMME se détourne de ses passions, il devient celui qui désire suivre (*murîd* [1]) la Voie de Dieu (*murîd-i râh-i Haqq*). C'est un mystère d'une merveilleuse subtilité : car, bien que la volonté du disciple soit *autre* que la volonté de Dieu [2], lorsque dieu Se révèle sous la forme de la *volonté du disciple*, celui-ci devient un disciple de la *Volonté de Dieu*. Ainsi, le disciple se met involontairement à la recherche de la Volonté de Dieu, de façon que sa non-volonté soit saisie avec la quête de la volonté de Dieu. Et c'est ce processus que nous appelons «la Voie [soufie] à Dieu (*râh-i Haqq*).»

Maintenant, après qu'il est devenu «un disciple suivant la Voie vers Dieu», il parvient à résister à sa colère et à sa luxure, qui, comme nous l'avons dit, sont les sources de tous les vices qui consituent ce que la morale réprouve. Une fois qu'il a triomphé de la colère et de la luxure, celle-ci devient amour, celle-là devient zèle.

ISFARÂYINÎ : *Kâshif al-asrar*, 36

LE DISCIPLE est celui qui a commencé à traverser les stations spirituelles grâce à son expérience visionnaire des états mystiques (de la Voie soufie), désirant, de la part de Dieu, l'union à Dieu.

RÛZBIHÂN : *Sharh-i shathîyyât*, 564

QUAND LE DISCIPLE sincère regarde la beauté du Maître réfléchie dans le miroir de son cœur, sans délai il tombe amoureux de cette beauté, en sorte que toute paix et tout repos le quittent. La source de tout bonheur et de toute félicité réside dans l'amour qu'il conçoit, car tant que le disciple ne sera pas amoureux de la beauté de la sainteté du maître, il ne sera pas à même d'échapper à l'esclavage de sa volonté et de son désir illicites, ni de se soumettre à la volonté du maître. Ainsi, on peut dire qu'un disciple est celui qui suit la volonté du maître, au lieu de sa propre volonté.

RÂZÎ : *Mirsâd al-'ibâd*, 240-1

L'HYPOCRISIE de gnostiques et meilleure que la sincérité de disciples.

RUWAYM IBN AHMAD in Qushayrî : *al-Risâlat al-Qushayriyya*, 316

C'EST UN GRAVE péché pour le disciple, que de se considérer à l'abri de la tromperie divine (*makr*), mais pour celui qui est uni à Dieu (*wâsil*), se considérer comme hors d'atteinte de la tromperie divine est un blasphème total.

JUNAYD in 'Attâr : *Tadhkirat*, 446

QUAND LE SOUFI se caractérise par ce Nom divin, le Voulant-Tout [3] (*al-Murîd*), rien ne lui arrive qui soit contraire à sa volonté et son désir (*irâdat*), parce qu'il n'héberge pas en lui de désir contraire à la volonté de Dieu. Ainsi, tout ce qui arrive est selon la volonté de Dieu, et est aussi identique à son propre objet de désir (*murâd*). Bâyâzîd Bistâmî (m. en 875) disait : «J'ai agi selon la volonté de Dieu pendant trente ans, et cela fait maintenant trente ans que Dieu agit selon ma volonté.» La signification de cela, c'est que «je me suis conduit pendant trente années en sorte que ma propre volonté soit absolument oblitérée dans la volonté de Dieu, de façon qu'aucun désir ne demeure en moi, qui soit contraire à la volonté de Dieu. Trente années ont passé maintenant, au cours desquelles tout ce qui est arrivé par la volonté de Dieu a été mon propre désir, et rien ne m'est arrivé dans mon âme qui soit contraire à cela, en sorte qu'aucune objection ou protestation à cela ne soit possible.» Comprenez cela ! Dieu assure la réussite.

JANDÎ : *Nafhat al-rûh*, 68

Si un disciple cesse d'observer la courtoisie (*adab*), il retombera d'où il est venu.

DHÛ'L-NÛN AL-MISRÎ in Qushayrî : *al-Risâlat al-Qushayriyya*, 287

Le signe de l'acceptation d'un disciple par Dieu, c'est qu'il ne peut absolument pas supporter la compagnie des non-initiés. Si d'aventure il lui arrive d'être en compagnie de non-adeptes, il est parmi eux comme un hypocrite dans une mosquée, un enfant à l'école, ou un prince en prison.

SHAMS AL-DÎN TABRÎZI in Lâhûrî : *Sharh-i 'Hafiz*, II : 1145

Le monde semble plus amer que la patience pour le cœur du disciple, mais quand la gnose y entre, il trouve la patience d'être plus doux que le miel.

JUNAYD in 'Attâr : *Tadhkirat*, 439

LES MAÎTRES de la voie soufie ont dit : «Quiconque n'a pas de maître, a Satan pour maître.» Mais il faut entendre par cela, que le besoin qu'a le chercheur d'avoir un maître, a deux aspects. L'un concerne la nécessité d'être instruit des règles de la courtoisie et des conventions sociales extérieures... L'autre a trait aux expériences visionnaires qui arrivent au chercheur ; elles doivent être soumises à l'attention du maître, de façon qu'il puisse les interpréter – jusqu'à ce qu'il parvienne au point où il peut lui-même distinguer entre les passions de son âme charnelle (*nafs*) et Satan. Après cela, le chercheur n'a plus besoin de la présence physique du maître, mais il a toujours besoin de la dévotion et de l'amour exercés par le maître envers lui, de façon qu'il puisse en bénéficier dans un sens spirituel. Alors, peu importe que le maître soit vivant ou mort, car, après avoir réalisé ce degré, le disciple peut recevoir des bienfaits de la réalité intérieure (*bâtin*) du maître. Car, du point de vue de la réalité, le maître est toujours vivant, étant donné que «les amis de Dieu ne meurent pas».

ISFARÂYÎNÎ : *Kâshif al-asrâr*, 147

SACHEZ QUE, en termes généraux, le disciple (*murîd*) est celui qui se perd dans le maître (*dar pîr bâzad*). D'abord, il perd sa religion, puis lui-même. Connaissez-vous la signification de «perdre sa religion» ? Cela signifie que si le maître spirituel lui ordonne de contredire et de mépriser les exigences de sa propre religion, le disciple obéit. Si le disciple, pour se conformer aux directives de son maître, n'agit pas contrairement à sa propre religion, il est encore un disciple de sa propre religion personnelle, et non le disciple de son maître.

Si le disciple suit le cours de ses propres désirs, il est un adorateur de lui-même, et un égotiste. L'état de disciple, c'est adorer le maître (*murîdî pîr parastî buwad*) et de s'entourer du lien du Dieu Tout Puissant et de son Prophète (la paix soit sur lui !).

... Cet écrit est si compliqué, que trouver quelqu'un qui le comprenne sur la face de la terre est extrêmement rare, car parmi les milliers d'aspirants spirituels qui suivent sans réserve la Voie de Dieu, un seul parvient à se glisser dans les passages étroits de la dévotion du disciple (*irâdat*).

'AYN AL-QUDÂT HAMADHÂNÎ : *Tamhîdât*, 98-9

QUE POUVEZ-VOUS faire avec les récits de la dévotion du disciple (*irâdat*), vis-à-vis d'un maître ? Vous n'avez encore goûté à la joie de l'union ni subi la douleur de la séparation de lui ; vous n'avez pas non plus eu l'expérience de l'imposante majesté et de la grandeur de sa présence. Vous n'avez pas souhaité mourir chaque jour, mille fois... Vous n'avez pas encore eu l'expérience du remords infini, ni plongé au fond de la mer, pour y être noyé, vous perdant dans les affluents et les vallées inondées par le sang et le chagrin de votre amour. Vous n'avez pas répandu de poussière et de cendre sur votre tête, mille fois, votre main cruelle quittant, non lavée, votre front noirci, vous lamentant, seul et abandonné.

Vous n'avez pas non plus attaché un million de fois de lien autour de vous – parfois de votre main, et parfois de celle du maître –, précipité dans un bassin de sang et de poussière. Vous n'avez pas englouti dans votre cœur la dent aiguisée comme un rasoir du requin de l'échec volontaire ! Vous n'avez pas creusé une montagne entière avec vos ongles ! Pourquoi vous occuper de ces récits ? Comment peuvent-ils signifier quelque chose pour vous ?

'AYN AL-QUDÂT HAMADHÂNÎ : *Tamhîdât*, 87-8

LE MAÎTRE SPIRITUEL

LE PLUS PETIT indice de la réalisation spirituelle d'un maître, c'est la présence en lui de dix choses qui confirment sa maîtrise. (1) Il doit avoir vu un maître, afin que lui-même puisse prendre des disciples. (2) Il doit avoir parcouru la Voie soufie, de façon à être à même d'y guider les autres. (3) Il doit avoir atteint la pureté et la courtoisie intérieures, de façon à instiller des qualités dans les autres. (4) Il doit mépriser le danger et être généreux, être capable de renoncer à ses biens et à sa richesse, pour le bien des disciples. (5) Il doit être libre de tout besoin de la richesse de ses disciples, pour ne pas les impliquer sans ses propres affaires personnelles. (6) Il les admoneste indirectement, par des allusions symboliques, plutôt que par des déclarations directes et carrées. (7) Il peut former ses disciples avec gentillesse, plutôt qu'avec sévérité et dureté. (8) Il doit avoir pratiqué tout ce qu'il prêche et enseigne. (9) Il doit avoir lui-même renoncé à tout ce qu'il interdit. (10) Une fois qu'il a accepté un disciple par égard pour Dieu, il ne doit pas le rejeter par égard pour les gens.

ABÛ SA'ID in Ibn Munawwar : *Asrâr at-tawhid,*
Shâfî'î-Kadkanî, 315-6

On demanda à Shaykh Abû Sa'îd ibn Abî'l-Khayr : «Quelqu'un peut-il parcourir la Voie soufie sans maître ?» «Non, dit le maître, parce qu'il doit d'abord y avoir quelqu'un qui est passé par elle, pour y diriger les autres, leur parlant de ses avantages et de ses pièges, disant : 'C'est telle et telle station. On doit ici rester longtemps.' Et s'il y a un endroit dangereux, il dit au chercheur de l'éviter. Ainsi, il encourage gentiment le voyageur, lui donnant le cœur de parcourir la voie jusqu'à la fin. Ayant atteint le but, il est en repos. Mais celui qui voyage par ses propres moyens est comme un démon perdu dans un désert. Il ne sait pas quelle voie prendre ; il est, comme le dit Dieu Tout-Puissant (VI : 71), 'comme l'un de ces êtres désorientés dont le démon s'est entiché sur terre'. Ainsi, la fondation de cette voie est l'obéissance à un maître. »

IBN MUNAWWAR : *Asrâr at-tawhîd*, Shafî'î-Kadkanî, 296-7

On demanda un jour à un grand maître si un seul individu a le droit de se vouer simultanément à plusieurs maîtres. Voici la fatwa par laquelle le grand Khwâja Muhammad Pârsâ (m. en 1419), répondit à cette question : «Quand le chercheur est sincère et dépourvu de défauts de nature, alors tous les gens de Dieu sont comme une seule personne, si bien que chacun est comme l'un d'entre eux (*ahl Allâh hama yiki'und u yikî hama'ast*), car toutes leurs mains sont une seule main, et l'attention spirituelle (*nazar*) qu'ils octroient est une seule attention. Les formes sont nombreuses, mais l'objectif est un. La méthode soufie (*ravish*) est une – la percevoir comme 'deux' trahit une courte vue, et des qualités humaines basses. Mais, à supposer que le chercheur rejette son premier maître, sa dévotion à un autre maître est aussi, par cela, annulée, car de même que celui qui est rejeté par un maître est rejeté par tous, ainsi quiconque est accepté par un, est accepté par tous.»

IBN KARBALÂ'Î : *Rawdât al-janân*, I 320

SACHE QUE la révérence au Réel repose dans la révérence au shaykh. Briser la compacité de l'obéissance (*'uqûq*) envers l'un, c'est faire la même chose pour ce qui est de l'autre. Les shaykhs sont les portiers du Réel, ceux qui préservent les états des cœurs des disciples. Si quelqu'un devient le compagnon d'un shyakh qui peut être suivi comme guide et ne lui montre pas de respect, sa punition consiste en ce que son cœur perdra la découverte du Réel (*wujûd al-haqq*) ; il sera négligent (*ghafla*) envers Dieu, et il manquera de courtoisie à Son égard. Il Le dérangera dans son discours et L'ennuiera à Son Niveau. Car la découverte du Réel n'appartient qu'au Courtois. La porte est fermée à tout autre que le Courtois. Ainsi, le disciple n'a pas de plus grande privation que d'être privé de révérer les shaykhs.

IBN'ARABÎ in Chittick : *Sufi Path of Knowledge*, 273

LA PART DU SHAYKH dans la connaissance de Dieu est ainsi : Il a connaissance des sources et origines des activités des gens. Il possède la science des pensées qui surviennent (*khawâtir*), celles qui sont louables, comme celles qui sont blâmables... Il connaît les souffles et la complexion et ce qu'ils possèdent et comprennent du bien qui est agréable à Dieu et du mal qui Lui est désagréable... Il connaît les temps, les durées de vie, les lieux, et les aliments ; ce qui rendra la constitution saine, et ce qui la corrompra ; et la différence entre le dévoilement de ce qui est «vrai» (*haqîqî*) et ce qui est «imaginaire» (*khiyâlî*). Il connaît l'autoréalisation divine. Il connaît la méthode de formation (*tarbiya*) et le passage du disciple de l'enfance, à la jeunesse, à la vieillesse.

IBN'ARABÎ in Chittick : *Sufi Path of Knowledge*, 271

UN MAÎTRE doit posséder de nombreuses qualités, mais il doit tout particulièrement observer cinq critères : ... Le premier est la qualité de serviteur. Tant que le voyageur ne s'est pas débarrassé du joug de tout ce qui n'est pas Dieu, il ne se distinguera pas par la qualité de serviteur... car il n'est jamais considéré comme «libéré» tant qu'il est lié par l'égoïté ou attaché à sa propre joie ou à sa propre peine.

Le deuxième est de recevoir les réalités spirituelles directement de Dieu, ce qui ne peut avoir lieu tant que le disciple n'est pas complètement libéré des voiles de la condition humaine et spirituelle, qu'il n'est pas émancipé de la chair et de l'esprit...

Le troisième est la réception de la divine merci de la station de proximité intime à Dieu, un degré réservé à ses disciples les plus choisis.

... Le quatrième est la réception de l'instruction dans les sciences, directement de la part de Dieu. Ce ne peut avoir lieu que lorsque l'ardoise de son cœur est débarrassée de toute forme de connaissance, spirituelle, intellectuelle, orale ou révélationnelle, car tant qu'il y a la moindre trace de ces genres de connaissance écrite sur l'ardoise du cœur, elles le préoccupent, l'empêchant de recevoir la connaissance directement de Dieu.

... Le cinquième est l'instruction dans la connaissance ésotérique divine, directement infusée par Dieu.

... Or, aucun de ces enseignements ne peut échoir à un homme, tant qu'il n'a pas eu une seconde naissance, grâce à laquelle il met de côté l'égocentrisme, pour réaliser le théocentrisme.

NAJM AL-DÎN RÂZÎ : *Mirsâd al-'ibâd*, 237-40

QUE SAVEZ-VOUS, et que savent la plupart des gens, du Coran ? Votre récitation coranique, vos prières, votre jeûne, votre aumône, votre Hâjj et votre jihâd, sont les instruments qui vous permettront d'atteindre la proximité des sandales d'un Homme, de façon que vous puissiez faire de la terre qu'il foule jour et nuit, votre collyre, que, peut-être après avoir passé cinquante années à son service, il jette son regard sur vous, et que vous soyez béni par la fortune. Mais que pouvez-vous comprendre de ce que vous entendez – que, par un regard, l'aimé octroie d'innombrables faveurs ? Non, «celui qui n'y a pas goûté ne connaît pas son goût». J'attends ce moment, où je peux avoir la faveur de recevoir ce regard.

'AYN AL-QUDÂT HAMADHÂNÎ : *Tamhîdât*, 88

L'HABIT NE FAIT PAS LE MOINE

LE SOUFISME a été tout d'abord un sentiment mystique et un état spirituel (*hâl*) ; puis il est devenu un discours intellectuel (*qâl*) ; puis l'état et le discours ont disparu. Tout ce qui reste maintenant, c'est une simple sottise, et une sophistique vide !

'ALÎ QASSÂB in Ibn Munawwar : *Asrâd at-tawhîd*, Shafî'î-Kadkanî, 261

LE DERVICHE doit suivre sa voie grâce à la lumière du cœur, mais, de nos jours, les derviches, frappés de cécité, marchent avec des cannes.

ABÛ BAKR AL-WÂSITÎ in 'Attâr : *Tadhkirat*, 738

JADIS, le soufisme était une réalité sans nom. Aujourd'hui, c'est un nom, dépourvu de réalité sous-jacente.

FÛSHANJÎ in Jâmî : *Nafahât al-uns*, 730

AU COURS du premier siècle qui suivit la mort du Prophète, la conduite spirituelle (*mu'âmalât*) était fondée sur la religiosité (*dîn*). Quand les adeptes de ce siècle ne surent plus, la religion devint décadente ; aussi, au deuxième siècle, on fonda sa pratique spirituelle sur la fidélité (*wafâ*). Puis les adeptes du deuxième siècle passèrent, et, avec eux, la fidélité. Pendant le troisième siècle, ils fondèrent leur pratique spirituelle sur l'humanité chevaleresque (*muruwwat),* mais après leur disparition, il ne resta ni chevalerie, ni humanité ! Au cours du sicèle suivant, c'est sur la modestie pieuse (*hiyâ*) que la conduite spirituelle fut fondée, mais quand les adeptes de ce siècle ne furent plus, toute piété modeste disparut avec eux ! Aussi, maintenant, chacun doit se conduire selon une crainte extrême (*rahbat*).

JURAYRÎ in 'Attâr : *Tadhkirat*, 580-1

IL Y A TOUJOURS eu, et il y aura toujours, des hommes de Dieu.

KHARAQÂNÎ in 'Attâr : *Tadhkirât*, 691

وان المساجد لله فلا تدعوا مع الله احدا

Si, à notre époque, certains de nos contemporains arborent un «costume soufi», portant des haillons répiécés, et revêtant un *khirqa* pour recevoir les honneurs publics et obtenir une bonne réputation, ou pensent qu'il est licite que leur habit soit en contradiction avec ce qui est dans leur cœur – car il n'y a qu'un seul champion dans une armée, et les adeptes authentiques sont peu nombreux dans chaque secte – les masses considèrent ces imposteurs comme authentiques, et à cause de leur conformité avec les soufis à un égard, les gens les considèrent comme des soufis à tous les égards. D'où la maxime du Prophète : «Celui qui s'apparente à un groupe en fait partie.» ... En cette époque, beaucoup de gens s'associent avec les soufis, simplement pour recouvrir lerus propres vices du renom de ceux-ci... En fait, la plupart sont des imposteurs. Aussi, je vous recommande de ne pas paraître plus que vous n'êtes, car si vous affectez d'être accepté comme soufi pendant mille ans, pourquoi devriez-vous penser que les soufis vous accepteraient *même pendant une minute* ? Ce travail ne dépend pas du genre de chemise que vous portez (*khirqa*) – il exige un feu ardent de l'intérieur (*khurqa*).

HUJWÎRÎ : *Kashf al-mahjûb*, 51-2

AUJOURD'HUI, il est impossible de trouver le moindre maître de la Voie (*arbâb-i tarîqat*). Même si l'on en trouve un dans les faubourgs, lui aussi est sans valeur ! Hélas ! Mille fois hélas ! Les oiseaux de cette bande ont quitté le pré ; devant l'obscurité et le voile des novices (*mubtadi'ân*), ils ont retiré et abaissé leurs couronnes sous les dômes de la jalousie divine... Oui, c'est la chose même contre laquelle mon Seigneur et Maître, Shaykh Majd al-Dîn Baghdâdî [4] – que Dieu bénisse son cher esprit, et que la poussière de ma chair soit une offrande pour son sang répandu ! – nous mettait en garde quand il disait : «Bientôt ces groupes [les soufis] seront aussi rares que la pierre philosophale, et ils disparaîtront de tous les coins du monde, et même si, au loin, dans une province éloignée, on pouvait trouver un maître, il serait considéré comme de moindre valeur que la terre [aux yeux des hommes].» Oui, mon ami, on doit déplorer cette époque, que les hommes puissent vivre comme ils le font. Hélas ! Ces maîtres qui jadis protégeaient les disciples de leur bouclier ont ôté le bouclier ; et même si l'on trouve parmi leurs successeurs, très rarement, un disciple de la Voie selon la tradition (*sunna*), adhérant à la règle de ses prédécesseurs, il se trouve confronté à une armée d'adversaires. Même un débutant, dans le passé ou maintenant, s'il propose une innovation hérétique (*bid'at*), il obtient immédiatement mille disciples et adorateurs !

ISFARÂYÎNÎ : *Kâshif al-asrâr*, 58

ÉTHIQUE SOUFIE
ET ŒCUMÉNISME

PARENTÉS : PARENTS ET AMIS SELON LA CHAIR ET SELON L'ESPRIT

SI TU NE TE DÉPOUILLES pas de ton ascendance
de famille, de parent et ami,
comment atteindras-tu jamais l'Ami ?
Quand, quand donc quelqu'un est-il parvenu
jusqu'à l'Ami, mon ami, au moyen des liens
de la famille, au moyen du parent et de l'ami ?

MAGHRIBÎ : *Dîwân-i Maghribî*, 86 : 8

ON RACONTE que Shaykh Dâ'ûd Tâ'î (m. en 779) – que Dieu l'ait en sa merci – rendit un jour visite à Imâm Ja'far Sâdiq (le sixième Imâm Shi'ite, m. en 765).

«Ô fils du Prophète de Dieu, dit-il, donne-moi un conseil, car mon cœur est sombre».

«Tu es le maître ascétique suprême de cette époque, quel besoin as-tu de mon conseil ?» répondit l'Imam.

«Mais tu es la descendance du Prophète, et ainsi tu es supérieur à tous les hommes ; aussi t'incombe-t-il, à cause de ton rang élevé, de donner conseil aux autres», répliqua Shaykh Tâ'î.

L'imam dit alors : «Cette tâche n'a rien à voir avec avoir un bon arbre généalogique (*nasab-i qawi*) ou une bonne ascendance généalogique (*nisbat-i sahîh*). Ce travail a trait à des rapports et à des actes qui sont valables aux yeux de Dieu».

Dâ'ûd pleura. «Ô Dieu !, dit-il, si l'Imâm Ja'far, dans la chair et le sang duquel circulent la prophétie et la sainteté, parle ainsi, qui suis-je pour vanter mes actions ?»

LÂHÎJÎ : *Mafâtîh*, 556-7

« Il est le Premier et Il est le Dernier. Il est l'Extérieur et Il est l'Intérieur» (LVII : 3).

Ce verset signifie qu'Il est l'Origine de toutes les bénédictions, le point final de toute tragédie et infortune ; le Sens Extérieur de toute obstruction et le Sens Intérieur de toute sagesse. Dieu parle ici en paraboles, comme pour dire :

«Ô, fils d'Adam, en ce qui te concerne, il y a quatre types de gens. Le groupe des gens qui font du bien à l'homme aux étapes initiales de sa vie, est celui des parents. Le groupe qui fait du bien à l'homme dans les étapes finales de la vie, et dans la faiblesse de la vieillesse, est celui des enfants. La troisième compagnie, c'est celle de vos amis et frères et tous les frères musulmans qui sont avec vous à l'extérieur, agissant avec compassion envers vous. En quatrième lieu, viennent vos épouses et les femmes qui sont avec vous à l'intérieur, dans vos demeures, vous aidant.»

Le Seigneur de tous les Mondes déclare :

«Ne dépendez pas de tous ces gens. Ne vous imaginez pas qu'ils sont vos assistants, ou qu'ils vous apportent du réconfort pendant la maladie. Je suis le Premier et Je suis le Dernier. Moi seul donne de la valeur aux étapes initiales et finales de votre tâche et de votre vie. Je suis l'Extérieur et l'Intérieur. Je tiens tous vos actes dans Ma main. Et Moi seul modifie vos fins.»

MAYBUDÎ : *Kashf al-asrâr*, IX : 487

از روی انکار می گفتند که این صورت مناسب نیست که حضرت شیخ از کتاب می پسندان

درویش این سخن را در مجلس آنحضرت مذکور ساخته بزبان شیراز فرموده یکیش و ارزه و نواز

خوش یکیش و اچنح و باز خوش پیکین و زبهان کش و اکی سرو ناز خوش کمیوبت در شهر

شیراز آن جوان بخدمت شیخ مشغول بوده و پای آنحضرت را می مالید چنانکه شیخ عراقی سفیرها

خورها بود ار جا شقی مرشد روز به بود از تنه شد سالها با جان فسروز

CETTE TERRE germinative, avec tous ses champs de céréales n'est qu'un voile. La source véritable est le pain quotidien donné par Dieu à chaque souffle... Cherchez auprès de lui votre subsistance, pas auprès de Jean ou Pierre. Cherchez l'ivresse qu'Il donne, pas celle que produisent le hash ou le vin. Cherchez le pouvoir qui vient de Lui, pas celui qui est conféré par la possession et l'argent. Vous devez laisser toutes ces choses à la fin – aussi, qui invoquerez-vous alors ? Invoquez-Le maintenant, rejetez toute autre entité, personne ou chose, pour pouvoir avoir en héritage le royaume du monde. Quand le jour vient «quand un homme doit quitter son frère et sa mère et son père et sa femme et ses enfants» (LXXI : 34-36) – à cette heure, tous tes amis deviennent des ennemis, car ils n'étaient que des idoles t'empêchant d'entrer dans la Voie.

RÛMÎ : *Mathnawî* V : 1490, 1496-1501

SI LA CONVOITISE te pousse à demander qui est ton père, réponds qu'«il est celui qui doute de la portion allouée par la Providence». Si l'avidité te demande alors de donner des détails sur ta profession, dis : «acquisition de bassesse et de souffrance». Si elle te demande encore de décrire ta plus haute réalisation, dis simplement : «privation».

ABÛ BAKR WARRÂQ TIRMIDHÎ in Jâmî : *Nafahât al-uns*, 124

MES FRÈRES spirituels me sont plus chers que ma famille et mes enfants, car ils sont mes amis dans la foi, tandis que ma famille et mes enfants sont amis dans le monde et ennemis de la foi.

HASAN AL-BASRÎ in 'Attâr : *Tadhkirat*, 46

LA RELATION la plus estimée chez les soufis, est la visite rendue aux maîtres, et le degré le plus haut dont parle ce groupe, est simplement qu'«un tel a connu un certain maître, ou est resté en compagnie de tel ou tel shaykh».

JÂMÎ : *Nafahat al-uns*, 340

CES LIENS qu'ils ont noués sur moi, qui s'appellent «parents et amis», sont juste comme des scorpions : chacun a cent dards. En fait, s'ils sont «parents» (*aqârab*), ils ne sont que scorpions ('*aqârib*). La proche parenté est comme une barbe : plus elle est grande, plus elle démange.

SANÂ'Î : *Hadîqat al-haqîqa*, 655

UN JOUR, notre maître (Abû Sa'îd ibn Abî'l-Khayr, m. en 1048) prêchait devant une assemblée à Nishapur. Un 'Alavî (descendant de 'Alî) était présent, écoutant le sermon du shaykh. Il se dit : 'Je suis de la lignée directe (*nasab*), et c'est le maître qui reçoit toute la gloire et le bonheur.»

Le maître se tourna immédiatement vers cet 'Alavî. «Viens, tu dois améliorer cela ! Tu dois améliorer cela !», cria-t-il.

Le maître s'adressa alors à la foule : «Vous savez ce que ce descendant de 'Alî se murmure à lui-même ? Il se dit : 'J'ai la bonne ascendance, mais il recueille toute la gloire et le bonheur'.»

«Tu dois comprendre que le rang que Muhammad – que la Grâce de Dieu soit sur lui – a obtenu, était dû à son affiliation spirituelle (*nisbat*), et nullement à son ascendance familiale (*nasab*) – car ce dernier lien était partagé avec lui par ses parents [incroyants] Abû Jahl et Abû Lahab. Toi, en revanche, tu as accepté ta lignée familiale et ton lien héréditaire (*nasab*), alors que moi, qui me suis totalement perdu dans la découverte d'une affiliation (*nisbat*) à un seigneur suprême, je ne suis pas encore satisfait de moi-même. En conséquence, un fragment du bonheur et de la gloire de ce suzerain m'a été octroyé. Tout cela montre que la voie vers notre Seigneur passe par l'affiliation spirituelle, et non par une bonne ascendance familiale !»

'ATTAR : *Tadhkirat*, 101

QUELLE EST L'IMPORTANCE de la consanguinité,
de vos liens de sang et de vos lignées ?
Placez Dieu, l'Unique Réalité,
devant votre visage, et cherchez l'harmonie.
Abandonnez famille et parenté !

Celui qui plonge dans la mer
du Néant finira par trouver
à son heure des pièces d'or qui crient :
  «Quand la Trompette sonnera,
    ni liens de sang ni famille
  ce Jour-là ne resteront ;
    on ne s'enquerra pas des uns et des autres.»[5]
De la parenté née de la luxure rien n'est
engendré, qu'orgueil et arrogance. Si la luxure
n'était pas à l'œuvre parmi ces gens,
tous les liens de sang et de parenté ne seraient
que des chimères. Mais une fois que la luxure
est entrée en scène, voyez l'une devenir
«mère» et l'autre devenir «père».
Qui est cette «mère», qui est ce «père» -
je ne le formulerai pas – parce que, à leur égard, vous devez
vous comporter avec respect. Mais vous appelez
«sœur» quelqu'un qui est plein de défauts ; celui qui

est méchant envers vous, et jaloux, vous l'appelez
«frère». «Fils et héritier», ainsi appelez-vous votre ennemi,
et celui qui est séparé de vous, vous dites
qu'il est «un parent et un ami !»

SHABISTARÎ : *Gulshan-i râz*, 104

LE DESSEIN fondamental de l'existence humaine est l'acquisition de la connaissance de Dieu ; il n'y a pas de parenté plus vraie (*nisbat*) que cette affiliation spirituelle. Tous les autres types de parenté ne sont que des dérivés de cette connexion spirituelle, et, en eux-mêmes, ils ne sont rien dont on puisse s'enorgueillir.

LÂHÎJÎ : *Mâfatîh*, 573

QUAND ON LUI demanda d'exposer en détail tous les liens de sa chaîne initiatique (*silsila*), Khwâja Bahâ' al-Dîn Naqshband (fondateur de l'Ordre Soufi Naqshbandî, m. en 1389) répondit : «Personne n'est allé nulle part au moyen d'une chaîne.»

JÂMÎ : *Bahâristân*, 26

L'ÉTHIQUE SOUFIE

LES TRAITS du caractère moral des soufis sont une humilité à toute épreuve, la correction fraternelle, la sympathie cordiale, la magnanimité, la concordance fraternelle, la bienfaisance, la modération bien disposée, la générosité, la courtoisie, le pardon, la fidélité, la modestie, la gentillesse, la vivacité de l'expression, un visage ouvert, un parler enjoué, une équanimité pasisible, l'évocation des autres dans les prières de bénédiction, la bonne humeur, l'impartialité, le respect pour les frères, la vénération des maîtres, la bienveillance envers les inférieurs comme envers les supérieurs, considérer comme une vétille tout ce qui leur appartient, tout en magnifiant et révérant les obligations que les autres leur imposent.

ABÛ'L-NAJÎB SUHRAWARDÎ : *Adâb al-murîdîn*, 1, 72-3

L'UN DES PRINCIPES moraux des soufis, c'est l'opposition constante à leurs propres désirs. Quels que soient les dons de félicité et de bonheur qui leurs sont octroyés, ils les remettent aux autres. Et, ayant sacrifié une chose, ils n'y reviennent pas, car le Prophète – les salutations et la paix de Dieu soient sur lui – a énoncé que «le bienfaiteur qui reprend son cadeau est comme un chien qui lèche son vomi.»

'IBÂDÎ : *Manâqib al-sûfiyya*, 85

L'UN DES PRINCIPES de la morale soufie, c'est de s'abstenir de tirer vengeance. Si un mal est fait à un soufi, il répond avec compassion. C'est un principe important, car le Prophète – que les salutations de Dieu et la paix soient sur lui – a interdit de se venger du mal.

'INÂDÎ : *Manâqib al-Sûfiyya*, 85

IL Y A UN AUTRE principe de l'éthique soufie : se conduire toujours parmi les gens avec courtoisie et gentillesse (*rifq*). Les soufis tolèrent tous les ennuis et troubles que leurs compagnons musulmans peuvent leurs causer, les supportant patiemment. La tolérance (*mudârât*) du Prophète était telle qu'il ne parla jamais à personne sans faire preuve de gentillesse, ne se plaignit jamais d'aucun type de nourriture, et ne frappa jamais aucun de ses serviteurs. Anas (Ibn Mâlik – que Dieu soit satisfait de lui) a dit : «J'ai servi le Prophète pendant vingt années, et pendant toute cette période, il ne m'a jamais rien dit qui pût me blesser. Il ne m'a pas une seule fois reproché quelque chose que j'avais fait, ne m'a jamais demandé : «Pourquoi as-tu fait cela ? Comment as-tu pu faire pareille chose ?» Aussi, il faut comprendre que se comporter avec gentillesse avec les autres, est un principe fondamental de l'éthique soufie.

SHIHÂB AL-DÎN 'UMAR SUHRAWARDÎ : '*Awârif al-ma'arif*,
éd. Ansârî, 112

Un jour, un juif pérégrinant rendit visite au shaykh (Abû Ishaq Shahriyâr Kâzarûnî, m. en 1034). Il s'assit derrière un pilier dans la mosquée, où il pouvait rester caché. Chaque jour, le shaykh lui envoyait un panier plein de nourriture. Au bout d'un moment, il demanda la permission de prendre congé. Il demanda au shaykh : «Oh shaykh ! Etant donné que tu savais que j'étais juif, pourquoi m'as-tu montré tant de gentillesse et de respect ?» Le shaykh répondit : «Il n'est personne qui soit indigne de deux tranches de pain.»

'ATTÂR : *Tadhkirat*, 767

Chaque chose a une essence, et l'essence de l'homme est l'intelligence (*'aql*), et l'essence de l'intelligence est la patience. Ainsi, la preuve de ce qu'un homme possède réellement l'intelligence, réside dans sa patience à supporter (*tahammul*) l'ennui et les tracas causés par son frère musulman, se conduisant avec une gentille modération envers tous les gens, évitant le poison de ses passions basses, dominant sa propre stupidité, sa légèreté, son impatience, et son irascibilité.

SHIHÂB AL-DÎN 'UMAR SUHRAWARDÎ : *'Awârif al ma'arif*, Ansârî, 112

SERVICE

POUR PLAIRE à Dieu vous devez servir.
Pourquoi vous soucier d'encourir la louange ou le blâme des gens ?

RÛMÎ : *Mathnawî*, VI : 845

S'IL N'Y A PAS de bénéfice pour quelqu'un d'autre à l'intérieur,
enseveli dans ce cœur,
morceau de granit rouge
et pierre précieuse sont un.

SA'DÎ, *Kulliyyât-i Sa'di*, 232

On tient d'Anas Ibn Mâlik (m. *v.* 709-12) – que Dieu soit satisfait de lui – que le Prophète a dit : «Le serviteur est sous la protection de Dieu Tout-Puissant tant qu'il porte les habits du service. La récompense accordée au serviteur équivaut à celle de celui qui jeûne, ou veille la nuit, ou combat dans la guerre sainte ou fait un pèlerinage à La Mecque. Au Jour du Jugement, le serviteur reposera sous l'arbre céleste dans le paradis et ne sera pas appelé à rendre compte de ses imperfections, ni puni pour elles. Un serviteur du peuple bénéficie d'autant d'intercession en son nom, que les hordes populeuses d'une myriade de tribus arabes.»

'IBÂDÎ, *Manâqib al-sûfiyya*, 87-8

Plutôt qu'en persistance, le service consiste en courtoisie (*adab*). L'observation de la courtoisie au cours du service est meilleure que le service même.

MUNÂZIL in 'Attar : *Tadhkirat*, 541

L'UN DES PRINCIPES fondamentaux de l'éthique des soufis, c'est que le service (*khidmat*) est pour eux une occupation continuelle. Aucun principe de la Voie Soufie n'est meilleur ou plus louable que cela. Quiconque incline au service trouve acceptation sur la Voie. Tant qu'on ne sacrifie pas son bonheur et ses possessions personnels, que l'on n'abandonne pas sa routine conventionnelle et ses désirs personnels, que l'on ne met pas de côté sa renommée et l'orgueil de l'honneur et de la réputation, on n'est pas à même de se parer de la ceinture du service. Le service requiert amour, sincérité, révérence, confiance, soumission, certitude, abstinence, piété, patience face aux circonstances ennuyeuses et désagréables, sacrifice de son propre accomplissement, renoncement à toute plainte, séparation de l'avidité et de la cupidité, éradication des passions, suppression de la colère, modération du désir, éloignement de la discrimination mesquine, abandon de l'affectation, et foi parfaite.

'IBÂDÎ : *Manâqib al-sufiyya*, 87

SACHE QUE le service sans engagement dévotionnel (*irâdat*) est comme un corps (*qâlib*) sans esprit (*jân*) et un corps sans esprit n'a ni mérite ni valeur. Ainsi, il a été dit : «Un petit peu d'engagement dévotionnel (*irâdat*) est beaucoup, et beaucoup de service (*khidmat*) est peu.» Or, le service peut être soit financier, accompli avec sa propre richesse, ou physique, en engageant le corps dans l'activité. Quoi qu'il en soit, cependant, on ne doit jamais faire mention, par la langue ou la pensée, du service que l'on a accompli pour l'un de ses frères humains. Si vous rendez service à quelqu'un et que, après, vous gardiez cet acte dans votre cœur, ou dans votre pensée, vous le placez sous un fardeau d'obligations pour vous (*minnat*) ; si vous lui en faites part verbalement, vous lui causez détresse et accablement. Ils annulent tous deux la fraternité, et c'est l'interprétation de «mots gentils, et pardon, valent mieux que la charité (*sadaqa*) suivie de l'injure» (Coran II : 266).

Ô derviche ! L'accomplissement du service est comme des semailles dans la terre, et l'oubli du service accompli, est comme recouvrir les graines de terre. Aussi, si vous plantez et semez des graines, mais que vous omettiez de les recouvrir de terre, votre vie et votre richesse seront gaspillées. Tout votre service aura été en vain.

NASAFÎ : *Kashf al-haqâ'iq*, 122

HUMILITÉ ET INDULGENCE

IL EST DIT qu'Abû Dharr [6] avait rassemblé ses chameaux pour boire à un puits ; un homme s'y précipita soudain, le brisant ainsi. Abû Dharr s'assit ; puis il s'allongea. Quand quelqu'un lui demanda pourquoi il avait fait cela, il répondit : «Le Prophète nous a dit que lorsqu'un homme est en colère, il doit s'asseoir jusqu'à ce que sa colère disparaisse. Si elle ne disparaît pas, il doit s'allonger.»

QUSHAYRÎ : *al-Risâlat al-Qushayriyya*, 245

ON RAPPORTE que le Prophète a dit : «Associez-vous avec celui qui vous méprise. Pardonnez à celui qui vous opprime. Donnez à la personne qui ne vous donne rien.» Il avait reçu l'ordre d'inviter les gens sur la voie divine au moyen de la sagesse, du conseil profond, du discours et de l'écoute, toujours les orientant vers ce qui était le meilleur... Anas Malik racontait : «J'ai servi le Prophète pendant dix ans. Il n'a jamais dit, pour aucun travail : 'Tu as mal fait !' ou 'pourquoi as-tu fait cela ?' Quand je faisais quelque chose de bien, il me bénissait. Chaque fois que je faisais quelque chose qui lui déplaisait, il disait : 'Le commandement de Dieu est un décret absolu' (33 : 38). Il avait lui-même coutume de s'occuper du fourrage de sa propre monture. Il allumait lui-même la lampe quand il rentrait chez lui. Quand la bride de sa sandale se brisait, il la réparait lui-même. Il raccommodait ses habits usés de sa propre main, et il aidait les serviteurs dans la maison.»

MANIRÎ : *The Hundred Letters*, 239-40

LE SOUFI ayant sondé, en vérifiant lui-même, ce qu'est la gnose (*chûn sûfî bi-tahqîq-i ma'rifat risad*), avec un regard content, voit toutes choses comme provenant de Dieu. Il ne se laisse pas empêtrer dans des sentiments de contrariété à l'égard des créatures de Dieu, ni dans ce monde ni dans le suivant. Il a librement abandonné – même avec gratitude – ses biens et son sang aux créatures de Dieu... Aussi, il se rend à Dieu, se considérant lui-même comme un tourment pour les gens. Par son humilité, il construit avec chaque tas de poussière un lieu pour adresser ses prières (*dar har dharra' î qibla sâzad*), et avec une âme débordant d'amour, il sert les chiens qui hantent les ruelles derrière le marché.

RÛZBIHÂN : *Sharh-i shathîyyât*, 211

L'ÉMINENCE du rang de *faqîr* réside dans l'humilité. S'il abandonne l'humilité, il abandonne aussi toutes les autres vertus.

HAMDÛN QASSÂR in 'Attâr, *Tadhkîrat*, 403

TANT QU'UN HOMME n'a pas balayé la poussière du seuil de la porte d'un païen, se considérant lui-même comme absolument privé d'attribution, en sorte qu'aucune trace d'estime de soi ne demeure en lui, le moment de l'embrasser n'est pas encore arrivé. Si même une trace d'estime de soi s'empare de votre cœur, cela signifie que vous ne faites que débuter ! C'est l'avis unanime des gens de la Voie [les soufis], que quiconque voit plus en lui-même que ce qu'il y avait dans le Pharaon, est stupide. Ainsi, il a été dit : «Il est facile de se déprécier aux yeux des autres ! L'homme véritable est celui qui peut appraître petit dans sa propre estime de lui-même !» Si vous n'avez pas été rejeté à chaque porte, si vous n'êtes pas devenu comme une monnaie contrefaite dans toutes les mains, si vous n'êtes pas devenu sans valeur sur toutes les balances, ne pensez pas que votre service ait été éprouvé et trouvé valable !»

MANIRÎ : *The Hundred Letters*, 148

On demanda à Sahl 'Abdu'llâh Tustarî : «Quand un homme devient-il un soufi ?» Il répondit : «Chaque fois que son sang peut être versé en toute impunité, sa propriété confisquée légalement, et quand il voit tous les phénomènes venant de Dieu, grâce à la connaissance de ce que la Merci de Dieu englobe toute la création.»

RÛZBIHÂN : *Sharh-i shathîyyât*, 211

Tant que le disciple imagine qu'il existe pire que lui-même, il est encore arrogant et orgueilleux. Il y a quatre types d'humilité : du corps, du cœur, de l'intellect et de l'âme. L'humilité corporelle convient à ceux qui suivent la voie mondaine ; l'humilité du cœur convient à ceux qui cherchent l'au-delà ; l'humilité intellectuelle convient à ceux qui cherchent la direction de Dieu, mais l'humilité de l'âme convient à ceux qui cherchent Dieu. Ansi, quiconque se comporte avec l'humilité corporelle obtient le monde. Quiconque se conduit avec l'humilité du cœur atteint l'au-delà. Quiconque agit avec l'humilité intellectuelle trouve la direction. Mais quiconque est humble dans l'âme, trouve Dieu.

BÂYAZÎD in Khânaqâhî : *Guzîda*, 251-2

VOUS AVEZ vu que certains musulmans méprisent excessivement les juifs. Cependant, les hommes de cette Voie [soufie], à leurs propres yeux, sont cent fois plus mauvais que les juifs et les chrétiens ! Imaginez-vous balayant le pas de porte de zoroastriens avec vos moustaches, ne sentant en vous pas même un atome de la qualité d'être sujet à la tentation – mais même alors, si, à ce moment, une particule de poussière d'importance propre se fixe sur votre habit, vous serez revenu à votre point de départ.

AHMAD SAM'ÂNÎ : *Rawh al-arwâh*, 231

LA TROISIÈME indication[de l'état de maître spirituel] est qu'il ne dit rien au sujet de sa propre pureté (*tazkiyya*), ni ne se loue (*madh*) lui-même.[7] En d'autres termes, il ne parle jamais de sa propre obéissance à Dieu (*tâ'at*) ou de sa piété (*taqwâ*), ni ne rappelle ses propres sacrifices (*îthâr*) ou sa générosité (*badhl*). Il ne fait pas étalage de sa gnose intérieure (*ma'rifat*) ou de sa connaissance (*'ilm*), mais il décrit toute chose, comme étant sa propre faute (*taqsîr*) ou manquement (*naqsân*), attribuant les réalisations et les états spirituels avancés aux autres. Il rappelle continuellement sa propre iniquité (*bî insâfi-yi khûd*) et fait état de l'équité des autres.

NASAFÎ : *Kashf al-haqâ'iq*, 128

JUNAYD racontait cela : «J'étais en compagnie de Sarî al-Saqatî (m. en 871) quand nous passâmes devant un groupe d'hommes efféminés. Cette pensée traversa mon cœur : 'Comment les choses vont-elles se passer pour ces gens, pour la vie future ?' Sarî, comme pour répondre à ma question informulée, commenta : 'Cela ne m'a jamais traversé le cœur que de me considérer supérieur en aucune façon à aucun être créé dans le monde entier.' 'Pas même, Maître, aux hommes efféminés ?' demandai-je. 'Non, jamais', dit-il.»

ATTÂR : *Tadhkirat*, 332-3

SHIBLÎ raconta qu'on demanda à Yûsuf Ibn Asbât (m. v. 811/812) de décrire la hauteur de l'humilité. Il dit : «C'est, quand vous quittez votre maison, considérer tous ceux que vous voyez dans la rue comme meilleurs que vous-même.»

HASAN AL-BASRÎ in Nurbakhsh : *Hasan Basrî*, 92

BONNE HUMEUR, CARACTÈRE MORAL ET GAIETÉ

VOUS NE pourrez donner du bonheur à personne, au moyen de votre richesse ; aussi, faites-le, en ayant une expression agréable et une bonne humeur.

LE PROPHÈTE MUHAMMAD in Qushayrî :
al-Risâlat al-Qushayriyya, 243

ÂYISHÂ – que Dieu soit satisfait d'elle – a dit : «Un homme demanda la permission de venir en présence du Prophète – la paix soit sur lui. Comme j'étais avec lui, le Prophète me fit cette confidence : 'Il est un mauvais homme', avant de le faire entrer. Mais quand l'homme entra, le Prophète lui parla agréablement et amicalement. J'étais très étonnée. Quand l'homme fut sorti, j'interrogeai le Prophète sur son comportement avec l'homme. Il dit : 'Ô Âyishâ, vraiment, les pires des hommes sont ceux que les homems respectent simplement par crainte de leur langage injurieux et ordurier'.»

'IZZ AL-DÎN MAHMÛD KÂSHÂNÎ : *Misbâh al-hidâya*, 360

ABDU'LLÂH IBN KHAFÎF disait : «Je suis venu à la Mecque et j'ai rendu visite à Abû 'Umar Zajjâjî. Je lui ai présenté mes respects, et je me suis assis. Nous avons entamé une conversation. Il s'est mis à me parler d'une façon injurieuse. Quand l'insulte devint excessive, je lui dis : 'Par ce discours injurieux, vous faites référence à moi – Ibn Khâfif ?' 'Oui, répondit il, je parle de vous'. Je dis : 'Bien, je l'ai quitté à Shîrâz !' Et Abû 'Umar s'esclaffa.»

BÂKHARZÎ : *Fûsûs al-âdâb*, 117

LE SOUFISME est tout bonne humeur : tout ce qui vous fait exceller dans la bonne humeur, vous fait exceller dans le soufisme.

KATÂNNÎ in Suhrawardî, *Adâb al-murîdîn*, 227

BONNE HUMEUR et caractère se manifestent dans un visage enjoué, un don généreux, et dans le fait que l'on s'abstient d'imposer ses problèmes aux autres.

HASAN AL-BASRÎ in Nurbakhsh : *Hasan Basrî*, 174

JE N'AI PAS VU dans ce monde d'épreuves et de probation, une plus noble qualité de caractère que la bonne humeur.

RÛMÎ : *Mathnawî*, II, 810

SI UN HOMME faisait preuve de la meilleure humeur, et du meilleur caractère moral possibles, à tous égards, et qu'il n'ait fait que maltraiter l'un de ses poulets, il devrait être compté au nombre de ceux qui ont bonne humeur et caractère moral.

FUDAYL IBN 'IYAD in Qushayrî : *al-Risâlat al-Qushayriyya*, 242

LA GAIETÉ de cœur du soufi et son visage joyeux sont l'effet de son accord avec Dieu. Il est raconté dans les traditions du Prophète qu'il est dit : «Si vous rencontrez quelqu'un avec un visage malheureux, sachez que le Dieu Tout-Puissant est irrité contre lui, étant donné que l'effet de la rage de Dieu dans son cœur se montre sur son visage.» Ainsi, l'allégresse que l'on voit sur le visage d'un soufi n'est pas un signe de son inconscience de Dieu, mais de son contentement avec Dieu. Le caractère plaisant du discours, qui ne tombe pas dans la frivolité, est un signe d'inspiration divine.

'IBÂDÎ : *Manâqib al-sûfiyya*, 76

Un jour, à La Mecque, il y eut une réception, à laquelle furent conviés tous les Shaykhs soufis, et tous y vinrent. Parmi eux, se trouvait un derviche du Khorassan inconnu d'Abû 'Alî Rudbarî (m. en 934). Quand la nappe fut étendue, Abû 'Alî se leva, et, selon la coutume des soufis, prit un pichet d'eau, et servit chaque maître éminent, échangeant des plaisanteries avec lui. Il usait ainsi de cordialité et de convivialité avec les maîtres, et il s'approcha de l'étranger. À la stupéfaction des hôtes, le derviche lui arracha le pichet des mains et lui frappa le crâne avec, le faisant saigner. Les disciples d'Abû 'Alî se levèrent pour frapper le derviche.

Abû Alî dit : «Allah ! Allah ! Ne le frappez pas. Ne faites pas empirer son humeur.»

Alors le derviche fut déconcerté et honteux de son comportement.

Voyant que le derviche était honteux, Abû Alî dit : «Ô frère ! Oublie cela ! Je me sentais fiévreux, et je voulais éliminer un peu de sang pour faire tomber cette mauvaise fièvre, jusqu'à ce que tu me frappes. Maintenant, je n'ai plus besoin de saignée – je suis débarrassé de la fièvre, car une bonne quantité de sang s'est déjà écoulée !»

Il continua sur le même ton son adresse enjouée au derviche, le mettant de bonne humeur, jusqu'à ce que celui-ci eût perdu son sentiment de honte, et eût recouvré sa gaieté et sa jovialité.

IBN KHAFÎF in Daylamî : *Sîrat*, 63

PARMI LES NOBLES traits de caractère des soufis, il y a la vivacité du visage, la cordialité, et la jovialité. Le soufi est constamment jovial, cordial et gai, car il peint toujours les cils de sa vision spirituelle avec le collyre de la contemplation de la Beauté Éternelle et l'observation de la perfection sempiternelle ; son cœur et son âme sont ainsi favorisés par l'union intime perpétuelle avec les saintes grâces divines. Sur les pages du visage du soufi, on peut voir reflétés les effets de cette paradisiaque verdeur juvénile, qui demain, au Jour du Jugement, sera évidente et manifeste, car le verset : «Tu verras sur leurs visages l'éclat du bonheur» (Coran 83 : 24), est aujourd'hui le bien des soufis. Il semblerait même que le verset : «Ce jour-là, les visages seront brillants comme l'aube, riant, se réjouissant des bonnes nouvelles», ait été révélé pour eux seuls ! La verdeur gracieuse de leur visage est l'effet de leur propre vision spirituelle, leur cordialité et leur gaîté n'étant que l'éclat de la lumière du ravissement divin, qui les enthousiasme. Et telles sont les qualités morales qu'ils s'efforcent d'avoir et d'appliquer dans leurs rapports avec les gens, ignorants ou lettrés.

'IZZ AL-DÎN MAHMÛD KÂSHÂNÎ : *Misbâh al-hidâya*, 259-60

JE PRÉFÈRE de beaucoup m'associer avec des gens dépravés et corrompus, qu'avec des fidèles au mauvais caractère qui chantent le Coran.

JUNAYD in 'Attâr : *Tadhkirat*, 445

CHEVALERIE SPIRITUELLE

LE PROPHÈTE dit : «Les chevaliers de ma communauté ont dix caractéristiques». «Ô Prophète de Dieu, demanda-t-on, quelles sont-elles» ? Il expliqua : «Dire la vérité, fidélité à sa parole, loyauté, renoncement au mensonge, charité envers les orphelins, porter secours aux pauvres et aux nécessiteux, don de son revenu, grande bienveillance, hospitalité – mais, avant tout, la modestie.»

BAGHDÂDÎ : *Kitâb al-futuwwa*, 132-3

LE CARACTÈRE et la conduite des chevaliers sont résumés dans la déclaration faite par Muhammad à 'Alî : «Ô 'Alî ! Le chevalier est sincère, fidèle, loyal, compatissant ; il est un mécène pour les pauvres, extrêmement charitable et hospitalier, il fait de bonnes œuvres, et il a un air modeste.»

MAYBUDÎ : *Kashf al-asrâr*, V, 668

CELUI QUI VEUT réaliser la chevalerie doit s'efforcer d'acquérir certaines vertus et certains traits moraux louables, le chevalier étant celui qui est «accompli» dans certains domaines. Le soufisme, en revanche, implique le détachement du monde et l'abstraction des choses matérielles et, finalement, la dissolution du moi, ses débuts étant la suppression de tous les obstacles au progrès spirituel. Ainsi, il est évident que le point final de la chevalerie est le commencement du cycle de la Sainteté (*walâyat*) et que la chevalerie fait partie du soufisme – de même que la sainteté fait partie de la Prophétie (*nubuwwa*).

ÂMULÎ in Sarrâf : *Rasâ'il-i javâmardân*, 74

LA CHEVALERIE spirituelle (*futuwwat*) consiste à faire de la pureté de caractère un mode de vie, à se ceindre de l'obéissance des commandements de Dieu, à ne pas s'écarter de la voie du droit canon (*sharî'at*), de la Voie soufie (*tarîqat*)ou de la Réalité divine (*haqîqat*)... Elle consiste à accomplir les cinq prières rituelles au moment voulu, et à s'engager dans des œuvres surrérogatoires, des nuits de prière et des jeûnes. Elle consiste à gagner sa vie par le travail de ses propres mains, donnant une partie à son épouse et une autre aux derviches et aux pauvres. Elle consiste à fermer les yeux sur les fautes de ses frères musulmans, inclinant sa tête et la posant sur le sein de la contemplation, voyant, reflétés dans ses propres œuvres, les événements de l'époque s'accomplir, comme si l'on regardait dans un miroir. Rien ne doit être un voile entre l'homme de chevalerie et Dieu.

SHIHÂB AL-DÎN 'UMAR SUHRAWARDÎ in Sarrâf :
Rasâ'il-i javâmardân, 116

IL Y A BEAUCOUP de choses licites, selon les préceptes de la *sharî'a*, mais interdites selon les idéaux de l'état humain (*murawwa*) et de la chevalerie (*futuwwa*) ; cela ne signifie pas que la chevalerie et la *sharî'a* sont opposées. Cependant, la caractéristique des disciples de la chevalerie, c'est que, si quelqu'un leur fait du mal, il font en retour du bien, alors que, selon la *sharî'a*, on rend le mal pour le mal... Ceux qui adhèrent à la chevalerie croient que si quelqu'un vous insulte, vous devez prier pour lui ; si quelqu'un vous prive de quelque chose, donnez-lui quelque chose quand il est dans le besoin ; si quelqu'un tranche ses liens avec vous, soyez avec lui fidèlement, et ne l'abandonnez jamais. Si quelqu'un vous frappe, vous arrache les yeux et vous brise les dents, vous devez lui pardonner. C'est la [vraie] chevalerie et virilité (*muruwwat*) et l'essence de la parole de Dieu, le Coran, car le pardon provient de la miséricorde divine (*rahmat*), alors que [la recherche] de la justice [stricte] appartient à la loi (*sharî'at*).

SHIHÂB AL-DÎN 'UMAR SUHRAWARDÎ in Sarrâf :
Rasâ'îl-i javâmardân, 105-6

LA GNOSE est en proportion de la chevalerie ; plus un homme est 'chevaleresque', plus il est gnostique. Les mots doivent être 'parfumés par l'âme' (*bû-yi-jân*), s'ils doivent avoir quelque vérité. Une odeur nauséabonde de fausseté s'élève partout où il y a fausseté de l'âme. Or, si le discours de quelqu'un est disproportionné, mais vrai et authentique dans son âme, l'odeur de la vérité s'élèvera de celle-ci, mais s'il est prononcé avec mauvaise foi, il émettra l'odeur de l'inauthenticité.

RÛMÎ : *Fîhi mâ fîhi*, 381

LE MULLAH, LE DÉMON ET L'ÂME BASSE

COMMENT se fait-il que le fils de l'homme
Ait été avili par le démon ?
Rien que la «Vérité», dit Hallâj, mais
Il monta pour cela sur l'échaffaud...

De l'âme vile, mauvaise, lugubre et
Sinistre des mullahs vient
Tout chagrin et toute déchirure, et toutes les épines
Dans la chair de chaque prophète, de chaque saint.

DÂRÂ SHÎKÛH in Hasrat : *Dârâ Shikûh*, 155

«SATAN EST-IL un docteur de la loi, doué d'une haute intelligence ?» demanda-t-on à Hasan Basrî – la paix soit sur lui – : «Oui, dit-il. Si Satan n'était pas un astucieux docteur de la loi, comment pourrait-il avoir réussi à égarer tant de théologiens et de penseurs éminents ?»

GHAZÂLÎ in Nurbakhsh : *Hasan Basrî*, 191

از روی انکار می گفتند که این صورت مناسب نیست که حضرت شیخ از کتاب می ستندان

درویش این سخن را در مجلس آنحضرت مذکور ساخته بزبان شیراز فرمود که یکیش و ارزه و نواز

خوشش بکیش و اچرخ و باز خوش بپیکین و زبهان کشو ایکی سرو ناز خوشش نکوبت در شهر

شیراز آن جوان بخدمت شیخ مشغول بوده و پای آنحضرت را می مالید چنانکه شیخ عراقی سفرها

خوبان نوازان عاشقی ترشد   روز به روز تیره شد   سالها اجازه فروز

L'ÂME INFÉRIEURE (*nafs*) est toujours en train d'inspirer votre imagination à suivre des pensées mauvaises et à perpétrer de mauvaises actions, s'efforçant constamment de vous jeter dans l'abîme de l'orgueil, de l'hypocrisie et de l'égotisme. Ainsi, chaque moment exige que vous vainquiez et repoussiez ces mauvaises pensées et ces fausses conceptions, rafraîchissant constamment votre foi et réaffirmant sans cesse votre croyance, et ne vous imaginant jamais que vous êtes à l'abri de la tromperie de l'âme inférieure, même une seconde. À chaque imagination qui vous opprime – vous conduisant à l'infidélité et à 'être recouvert d'un voile' (*kufr u ihtijâb*), vous jetant de votre station sublime dans les fosses les plus profondes des passions et de la nature charnelle – vous devez opposer une foi vive ; sinon, la citadelle de votre religion sera détruite par le lasso de la luxure et le sabre de la rage. [Car] ... L'âme est comme un infidèle, dépourvu de foi, qui, déguisé en musulman, a rendu infidèles, hérétiques et hypocrites, des milliers de personnes ; son artifice et sa ruse sont sans borne, sans mesure... Il use constamment de subterfuge et sa rouerie n'a pas de trêve.

LÂHÎJÎ : *Mafâtîh*, 580

N'EXHORTEZ PAS les gens à venir à Dieu avant de vous être vous-même purifié. Satan ne désire rien de plus pour nous, que de vains ornements pour notre cœur, avec la simple lettre de cette mission [i.e., de nous glorifier dans la proclamation de Dieu, sans avoir l'esprit ni la pureté, ndt], et de fermer ainsi la porte à «enjoindre le bien et éviter le mal» dans notre âme.

HASAN AL-BASRÎ in 'Attâr : *Tadhkirat*, 34

SATAN ne peut trouver un endroit par où entrer dans le cœur et l'être intérieur d'un disciple, tant que celui-ci n'a pas eu le désir de commettre un péché. Mais une fois que la substance de la passion est apparue dans son cœur, Satant d'en empare, et la pare de séduction. C'est ce que l'on appelle la suggestion diabolique ou la tentation satanique (*waswâs*). Ainsi, toute tentation vient de la passion, car (comme le dit l'adage), «le tentateur est le pire des oppresseurs», et, à ce sujet, la Parole de Dieu Tout-Puissant déclare, en réponse à la menace d'Iblîs «de les égarer tous» (XV :39) : «Vraiment, tu n'as aucun pouvoir sur mes fidèles» (XV, 42). Ainsi, «Satan» dépend de la substance réelle de l'âme inférieure (*nafs*) et des passions de l'homme.

HUJWÎRÎ : *Kashf al-mahjûb*, 262

Ô DERVICHE ! Quiconque t'incite à de bonnes œuvres, et te détourne des mauvaises, est ton ange, et quiconque t'incite à des œuvres mauvaises, et te détourne des bonnes, est ton démon.

Ô derviche ! L'homme est un microcosme composé de deux mondes, un monde matériel (*mulk*) et un royaume spirituel (*malakût*)... Le monde matériel est la maison, et le royaume spirituel est le maître de maison. Celui-ci a plusieurs niveaux hiérarchiques, chacun ayant un nom différent. À un niveau, son nom est Nature ; à un autre... Âme ; à un autre... Intellect ; à un autre... la Lumière de Dieu... Du premier niveau de la Nature, procèdent trois choses, qui sont : (1) productivité organisée, abondance, et obéissance ; (2) corruption, ruine, et désobéissance ; et (3) arrogance, vanité, et rébellion. C'est pour cette raison que ce maître de maison est appelé de trois noms. Dans la mesure où il est prolifique, productif et obéissant, on lui donne le nom d'ange. En tant qu'il démolit, détruit, désobéit, on l'appelle Satan. S'il est arrogant, hautain et séditieux, on l'appelle Iblîs. C'est pour cette raison, est-il dit, que chacun a son propre démon, qui est son compagnon et associé dans sa vie.

NASAFÎ : *Kitâb-i Insân al-Kâmil*, 203-5

Il faut comprendre que l'âme inférieure, satan, ou le démon, et les anges, ne sont pas extérieurs à vous. Vous *êtes* eux. De même, Ciel, terre, et le Trône divin, ne vous sont pas extérieurs ; ni le Paradis, l'enfer, la vie, ou la mort. Toutes ces choses existent en vous, comme vous le réaliserez quand vous aurez – *Plaise à Dieu* – accompli le voyage initiatique, que vous serez devenu pur.

NAJM AL-DÎN KUBRÂ : *Fawâ'ih*, 32

PAUVRETÉ SPIRITUELLE

SUR LA VOIE de la pauvreté
le sens de la vue
est une illusion,
et les oreilles sont fermées
à tout ce qui n'est pas les récits de pauvreté.

Sois ruine, piétiné
dans la poussière de son chemin,
car les princes du monde
mettent la poussière de la pauvreté comme un baume
sur leurs paupières.

ANSÂRÎ in Nurbakhsh :
Spiritual Poverty in Sufism, 31

«LA PAUVRETÉ EST ma fierté.»

Maxime du PROPHÈTE MUHAMMAD in Nurbakhsh :
Spiritual Poverty in Sufism, 6

«La pauvreté est une approche de l'infâmie.»

Proverbe du PROPHÈTE MUHAMMAD in Nurbakhsh :
Spiritual Poverty in Sufism, 7

«La pauvreté a le visage noir dans ce monde, et dans l'autre.»

Proverbe du PROPHÈTE MUHAMMAD in Nurbakhsh :
Spiritual Poverty in Sufism, 6

Si Dieu l'avait voulu, Il vous aurait fait tous riches, de façon qu'il ne reste pas une seule personne pauvre. Ou encore, Il vous aurait faits tous pauvres, en sorte qu'il ne reste pas un seul riche parmi vous. En fait, il vous met à l'épreuve, l'un au moyen de l'autre, pour voir lequel d'entre vous a la meilleure conduite. C'est pour cette raison que Dieu vous enjoint de pratiquer une morale élevée, et dit que [le vrai croyant est] «celui qui met les fugitifs [sur la voie de la foi] au-dessus d'eux-mêmes, bien qu'ils soient eux-mêmes dans le besoin ; et quiconque est libéré de sa propre avarice, c'est celui qui connaît la réussite» (LIX : 9).

HASAN AL-BASRÎ in Nurbakhsh : *Hasan Basrî*, 193

IL Y A DEUX VARIÉTÉS de pauvreté. L'une, contre laquelle le Prophète de Dieu a mis en garde quand il a dit : «En vous, je cherche asile à l'abri de la pauvreté.» Quant à l'autre, il a commenté : «La pauvreté est ma fierté». La première est proche de l'impiété ; la deuxième, de la Réalité. La pauvreté ressemblant à l'impiété appartient au cœur, jusqu'à priver le cœur de toute connaissance, sagesse, moralité, patience, contentement, soumission humble et foi en Dieu, car elle est pauvre en ces états élevés. Aussi, le cœur devient la demeure du démon, et quand Satan y entre, les armées de Satan le font succomber à la luxure, la colère, lui font associer d'autres déités à Dieu – doute, scrupule et hypocrisie... Mais cette pauvreté de l'Esprit que le Prophète a considérée comme un honneur, est celle qui dépouille l'homme de sa mondanité et le rapproche de la vraie piété, et de la foi véritable.

ANSÂRÎ in Maybudî : *Kashf al-asrâr*, X : 58-9

IL N'EST VOILE plus épais que la prétention, qui s'interpose entre Dieu et le fidèle. Il n'est plus grande proximité de Dieu que l'appauvrissement spirituel devant lui.

TUSTARÎ in 'Attâr : *Tadhkirat*, 315

J'AI CONSIDÉRÉ CELA, et j'ai vu qu'aucune voie n'est plus proche de Dieu que l'indigence spirituelle (*iftiqâr*), et qu'aucun voile n'est plus épais que la prétention (*da'wâ*).

SAHL TUSTARÎ in Sam'ânî : *Rawh al-arwah*, 90

LA PAUVRETÉ est la substance ;
Tout le reste est accident.
La pauvreté est le remède ;
Tout le reste est maladie.

Le monde est un mensonge,
Tout orgueil, tout vanité ;
La pauvreté est un mystère,
Et la raison d'être du monde.

RÛMÎ in Jâmî : *Nafahât al-uns*, 464

DANS LE PAYS de l'infâmie, le mystique plante sa tente,
revêtu de l'habit de «pauvreté touche au but...»
et séparé de la foule par «un visage noirci ici et à jamais.»

'ATTAR in Nurbakhsh : *Spiritual Poverty in Sufism*, 7

LE POINT culminant de la pauvreté est le commencement du soufisme.

NAHÂVANDÎ in Kâshânî : *Misbâh al-hidâya*, 118

LA PAUVRETÉ n'est pas réalisée tant qu'on n'aime pas à donner plus que ce qu'on reçoit.

ABÛ HAFS HADDÂD in Attâr : *Tadhkirat*, 461

J'AI DEMANDÉ le pouvoir, et je l'ai trouvé dans la connaissance. J'ai demandé l'honneur, et je l'ai trouvé dans la pauvreté. J'ai demandé la santé, et je l'ai trouvée dans l'ascèse. J'ai demandé que ma dette soit diminuée devant Dieu, et j'ai trouvé cela dans le silence. J'ai demandé la consolation, et je l'ai trouvée dans le désespoir.

'ALÎ SAHL ISFAHÂNÎ in 'Attâr : *Tadhkirat*, 893

SOUFIS, CHRÉTIENS ET CHRISTIANISME

NON-ATTACHEMENT et détachement -
Libération des chaînes de l'imitation,
sont l'essence et le dessein
que je vois dans le christianisme.

SHABISTARÎ : *Gulshan-i râz*, 105

UN JOUR, notre Maître Abû Sa'îd et un groupe de ses disciples, se promenant, arrivèrent à proximité d'une église. Comme c'était dimanche, et que les chrétiens s'étaient rassemblés pour le service dominical, les disciples furent curieux de le voir, et le maître accepta. Comme ils entraient dans le bâtiment, le prêtre et la congrégation les reconnurent, et sortirent pour les accueillir. Il y avait tant de joie que chacun commença à faire l'expérience d'un état spirituel élevé. Plusieurs chanteurs soufis, dans le groupe du Maître, demandèrent la permission de chanter des versets du Coran, et les prêtres l'accordèrent.

La joie de recevoir notre Maître, combinée avec la louange du Seigneur par les chanteurs, plongèrent l'assistance dans l'extase. Beaucoup firent l'expérience du ravissement.

Quand le chant fut terminé, et qu'Abû Sa'îd fut sur le point de prendre congé, l'un des disciples s'exclama avec enthousiasme : «Si le

Maître le veut et le proclame, beaucoup de chrétiens qui sont ici abandonneront leurs habits chrétiens, et revêtiront la robe de l'islam.»

Le maître répondit : «Nous ne leur avons pas mis leur vêtement d'abord ; aussi ne pouvons-nous avoir la présomption de le leur ôter.»

IBN MUNAWWAR : *Asrâr at-Tawhîd*, éd. Shafî'î-Kadkanî, I, 210

LA FOI est accrue par ces objets – «idole», «ceinture chrétienne» et «foi chrétienne». Dans ce sens, l'un des principes de la véritable unité divine (*tawhîd-i haqîqî*) est que l'idole est une manifestation théophanique de l'unité divine. Selon la même doctrine, la ceinture se rapporte au contrat de service, à l'obéissance, et au culte divin que l'on [en soufi véritable] fait vœu d'observer, tandis que la «foi chrétienne» est symbolique du dépouillement de soi de la matérialité (*tajrîd*), tranchant ses attachements, et se libérant des contraintes, conventions, coutumes et formes imitatives de la dévotion religieuse. Dans la mesure où de ces choses [i.e. «idole», «ceinture», et «foi chrétienne»] la foi véritable est née – à Dieu ne plaise que cette «infidélité», qui stimule un accroissement de foi, soit conçue comme une hérésie ou une infidélité *per se* ! Au contraire, c'est la forme d'islam la plus parfaite, même si elle apparaît sous le déguisement de l'infidélité.

LÂHÎJÎ : *Mafâtîh*, 582

CES MAÎTRES soufis parfaits, qui discourent sur l'idolâtrie, le respect de la ceinture, et qui défendent la pratique du christianisme et la sonnerie de la cloche de l'église, font symboliquement allusion, en utilisant ces images, à l'abandon du nom et de l'honneur personnels. Selon eux, toute décadence et toute erreur dans la croyance religieuse provient du désir de préserver son «renom», son «honneur» et sa «réputation». Le voile le plus épais qui obscurcit les gens qui occupent position et statut sociaux élevés, est leur «honneur» et leur «réputation». Pour ces gens, il est plus facile d'abandonner le monde que de perdre leur réputation !

LÂHÎJÎ : *Mafâtih*, 579

LES TERMES «église» (*kalîsâ*) et «monastère» (*dayr*) symbolisent le domaine de l'infinité divine (*'âlam-i itlâq*) qui est le monde de l'Unité Essentielle (*wahdat-i dhât*), étant le royaume spirituel dans lequel tous les Attributs divins ne font qu'un vis-à-vis de l'Essence divine. Ainsi, devant Lui, colère et grâce, pardon et rigueur, contraction et expansion, même péché et obéissance, et mort et vie, ne font qu'un. Ces distinctions n'existent [qu'au niveau des] Noms, Attributs et Commandements divins, qui Le manifestent au moyen des lois, décrets, et des plaisirs [du paradis) et du feu de l'enfer.

BÂKHARZÎ : *Fusûs al-âdâb*, 245

PAR LE TERME «chrétien» (*tarsâ*), dans la terminologie spirituelle des soufis, on entend «l'homme spirituel» (*mard-i rûhânî*), qui est détaché de sa nature passionnelle et de sa corporéité, et qui a atteint le niveau de l'Esprit. Ainsi, le chrétien est celui qui est libéré des liens des coutumes normatives religieuses, des rites religieux, et des formalités religieuses, et de la lettre de la religion. Il voit tout dans [la lumière de] Dieu et à travers [la lumière de] Dieu. La religion de Jésus est son Esprit même, et le Messie est son âme même. Il est libéré des contraintes de l'égoïté et de la raison passionnelle individuelle, et demeure dans la joie, dans l'élargissement du dévoilement des réalités spirituelles (*kashf-i haqâ'iq*) et de la gnose (*'irfân*).

BÂKHARZÎ : *Fusûs al-âdâb*, 245

JE NE SAIS PAS... mais quel que soit l'état que tu possèdes,
combats l'Egoïté Infidèle : alors, tu seras libre.
Le «credo chrétien», la «ceinture», «l'idole», la «cloche de l'église»
sont des symboles pour la perte de la face, l'abandon du renom.
Si tu veux être un serviteur ayant un degré élevé,
un adepte choisi, prépare-toi à réaliser une pure dévotion,
habitue-toi à la fidélité.
Va – ôte ce «moi» qui barre le chemin ;

à chaque moment, engage-toi à nouveau dans la Foi.
En nous-mêmes, toute l'âme inférieure est un infidèle :
Ne te contente pas de cet Islam extérieur ;
à chaque instant aie à cœur de restaurer ta foi :
Sois musulman, musulman, musulman, musulman !
Il y a tant de foi – née de l'infidélité ;
ce qui renforce la foi n'est pas l'infidélité.
Sois libéré de la honte et du renom – hypocrisie et
 notoriété –
Rejette le froc du derviche, noue la ceinture
et comme notre maître, sois inimitable en Infidélité
si tu es homme : confie entièrement ton cœur à un Homme.
Abandonne ton cœur à l'enfant chrétien ;
Libère-toi de toute négation et de toute affirmation.

SHABISTARÎ : *Gulshan-i râz*, 103

AU-DELÀ DE LA FOI ET DE L'INFIDÉLITÉ

À QUELQUE PORTE que je frappe, le Seigneur
Dans la maison est toujours toi, et où que j'aille
La lumière qui brille à l'intérieur est toujours toi.
Celui qui est aimé à la taverne ou au couvent, c'est toi :
De la Ka'ba ou de la pagode toute ma quête et mon but
À nouveau, est toi. Toi, *tu* es ce que je cherche à l'intérieur ;
Le reste – pagode ou Ka'ba – tout cela n'est que ruse.

SHAYKH BAHÂ'Î : *Kulliyât*, 77

ON RACONTE qu'un voyageur, ignorant la direction correcte de la prière rituelle (*qibla*), arriva un jour au Khânaqâh de Ma'rûf al-Karkhî (m. *v.* 815). Aussi dit-il ses prières en faisant face à la mauvaise direction. Embarassé quand il découvrit plus tard son erreur, il demanda au maître pourquoi il ne lui avait pas dit dans quelle direction il faut faire la *qibla*. Le maître répondit : « Nous sommes des derviches. Est-ce qu'un derviche s'intéresse à donner des ordres aux autres, et à exercer sur eux une domination ? »

'ATTÂR : *Tadhkirat*, 326

ABDU'LLÂH TÂHIR AZDÎ a dit : «J'ai une une querelle avec un juif dans un bazar de Bagdad. Au cours de notre dispute, je le traitai de chien. À ce moment même, Husayn ibn Mansûr vint à passer ; il me jeta un regard furieux, et dit : 'Ne permets pas au chien de tes passions bestiales (*sag-i nafs*) d'aboyer !' Et il s'éloigna à grands pas.

Quand la dispute fut achevée, je rejoignis Hallâj, qui rentrait chez lui. Il détourna le visage. Je lui demandai pardon, jusqu'à ce que je regagne son affection. Il finit par me dire :

'Mon cher enfant, Dieu a donné à chaque groupe religieux une foi différente. Tous ces gens sont aimés par Dieu qui a choisi cette religion pour eux – ce ne sont pas eux qui l'ont choisie eux-mêmes. Aussi, quelqu'un qui attaque une autre personne, et déclare que sa religion est fausse et vaine, considère en fait que cette personne a choisi elle-même la religion... Tu dois savoir que 'judaïsme» et «christianisme» et «islam», ne sont que des titres, des noms différents ; leur dessein sous-jacent n'est qu'une seule et même chose, dans laquelle il n'y a ni altération ni différence.' Puis il ajouta :

'J'ai beaucoup réfléchi sur toutes les religions, m'efforçant de les comprendre. J'ai découvert qu'elles naissaient toutes d'un seul tronc, d'une seule Source, chacune avec des branches et des tiges différentes. Aussi, tu ne peux exiger d'aucun homme qu'il suive une religion particulière, car cette religion l'empêcherait d'atteindre la Source véritable. Cette chose qu'un homme doit continuellement chercher à sonder et comprendre, est cette Source principale, d'où toutes les autres ramifications principales, et les profondes méditations, sont issues, apparaissant avec clarté.

HALLÂJ : *Akhbâr al-Hallâj*, 41

SI LES MUSULMANS savaient ce que sont les idoles, ils s'écrieraient
que la foi même est dans l'idolâtrie.
Et si les polythéistes pouvaient simplement prendre conscience
de l'origine des idoles, ils n'auraient pas de raison d'être dans l'erreur
dans leurs croyances. L'image gravée
qu'ils ont vue n'est qu'une fabrication et une forme,
et, ainsi, l'Écriture Sainte les appellent «infidèles».
Ainsi, personne ne vous appellera «musulman», selon la parole de la Loi
si vous ne pouvez pas percevoir la Vérité qui est cachée,
et voir Dieu caché à l'intérieur d'une idole.

SHABISTARÎ : *Gulshan-i râz*, 103

IL INCOMBE à tous de trouver la Voie – mais la Voie à Dieu, le Tout-Puissant, n'est (ne peut être trouvée) ni sur terre ni au ciel, ni au Paradis, ni dans le Trône Divin. La Voie qui mène à Dieu est en vous (*dar bâtin-i tust*). La signification [du verset coranique, LI : 21] *en vous-mêmes* est simplement cela, car les chercheurs de Dieu Le cherchent *en* eux-mêmes étant qu'Il est dans le cœur, et que le cœur est dans leur être intérieur (*bâtin*). Or, bien que vous vous étonniez de cette déclaration, selon laquelle tout ce qui est sur terre ou dans les cieux, a aussi été créé par Dieu *en* vous – de ce dont ont été créés la «Tablette» et la «Plume» et le Paradis, une ressemblance a aussi été créée dans votre soi et votre être intérieurs, également. Un simulacre de tout ce qui est dans le royaume divin se trouve dans votre propre âme.

'AYN AL-QUDÂT HAMADHÂNÎ : *Tamhîdât*, 86

DE MÊME que la raison pour l'hérésie de l'idolâtrie, selon la Loi Canon de l'islam, est due à la courte vue [vision limitée, ndt] et à la perception de la forme créée extérieure de l'idole, ainsi, si vous qui prétendez à l'islam et à l'orthodoxie, ne pouvez voir rien d'autre que la forme visible de l'idole, et n'avez pas la vision de Dieu caché derrière les voiles de sa forme déterminée – et c'est cette forme particulière qui est un réceptacle corporel pour la théophanie – vous ne pouvez, au sens propre, et selon la loi (*dar sharh*) être non plus appelé musulman ! En fait, vous êtes un infidèle (*kâfar*) parce que vous avez voilé la théophanie divine manifeste dans l'idole.

LAHÎJÎ, *Mafâtîh*, 539

L'INFIDÉLITÉ et la foi
courent sur sa voie,
unies dans leur louange
«Il est Un sans ressemblance».

SANÂ'Î : *Hadîqat al-haqîqa*, 60

SI UNE RELIGION (*madhhab*) peut conduire un homme à Dieu, c'est bien l'islam, mais si cet islam ne pourvoit pas ses fidèles d'une conscience supérieure, il est pire, aux yeux de Dieu, que l'infidélité (*kufr*). Or, selon les voyageurs [sur la Voie soufie], «islam» signifie ce qui conduit un homme à Dieu, tandis qu' «infidélité» signifie ce qui est un obstacle pour un aspirant, et le rend négligent dans sa quête. Aussi, ce qui intéresse l'aspirant, c'est le fondateur de religion, mais non pas la religion même.

ATTENTION ! Ne pensez pas que le Juge de Hamadân dise que l'infidélité est bonne et que l'islam ne l'est pas. À Dieu ne plaise ! Je ne loue ni l'infidélité ni l'islam ! Ô ami, tout ce qui conduit un homme à Dieu est islam, et tout ce qui fait sortir un homme de la voie de Dieu, est infidélité. Et la vérité, c'est que le voyageur mystique ne peut jamais passer outre l'islam et l'infidélité, car ce sont deux états mystiques auxquels le chercheur n'échappa jamais tant qu'il est «avec lui-même». Mais quand vous serez libéré de votre égoïté, ni l'infidélité ni l'islam ne vous rattraperont, même s'ils vous courent après !

Je mettrai le feu à la religion et à la croyance
Et je placerai ton Amour, au lieu des croyances, devant moi
Aussi longtemps que je sentirai de l'Amour dans mon cœur tourmenté,
C'est toi le but de ma voie, pas la religion, ni la croyance.

'AYN AL-QUDÂT HAMADHÂNÎ, *Tamhîdât*, 23-5

PRATIQUES ET STATIONS SPIRITUELLES, ÉTATS MYSTIQUES, GNOSE ET AMOUR

PRIÈRE DU CŒUR

ASSEZ DE GRATITUDE, tu ne peux en avoir pour Lui –
c'est *fikr.*
Sache que Sa présence est constante – c'est *dhikr.*
Cela connu, tu deviendras sourd et muet ;
mais si tu ne le connais pas,
qui, alors, invoques-tu ?

AWHADÎ MARÂGHÎ : *Dîwân-i Awhadî*, 600

QUICONQUE invoque (*dhikr*) Dieu et imagine que son invocation était valable et correcte, est tombé dans l'illusion. Même s'il est un 'invocateur' (*dhâkir*) de Dieu, le souvenir divin appartient au Souvenu, Qui est Infini. En revanche, l'invocation et la prière des êtres créés sont finis, les accablant de la manifestation de leur impuissance. Là où Dieu a dit : «Souvenez-vous de Dieu avec beaucoup de souvenir» (XXXIII : 41), Il voulait dire que l'on doit L'invoquer au moyen de Lui-même, étant donné que des êtres temporels ne peuvent décrire l'Être Éternel. Aussi, quand le temporel invoque l'Éternel, il est affligé du châtiment de l'illusion. Le temporel convient au temporel, et l'Éternel convient à l'Éternel.

RÛZBIHÂN : *Sharh-i Shathîyyât*, 280-1

LA VRAIE PERFECTION, c'est que le cœur soit vide de tout souvenir (*dhikr*) et de toute conscience, en sorte que ne demeure que l'Objet du Souvenir... La raison de cela, c'est que l'invocation est faite en perse ou en arabe, et ces deux langues n'ont pas quitté le domaine de l'être créé et temporel – en fait, elles ont toutes deux une nature complètement temporelle – alors que le dessein original de l'invocation, est de vider le cœur, non seulement de phénomènes comme le perse et l'arabe, mais aussi de tous les phénomènes créés, en sorte que «tout devient l'Aimé», et que rien d'autre que Dieu ne reste dans le cœur. C'est le résultat de cet amour excessif appelé *'ishq*.

NASAFÎ, *Kashf al-haqâ-iq*, 166

LE SOUVENIR (*dhikr*) suit l'amour (*mahabbat*), et l'œuvre du cœur est amour. Quand Dieu le Très-Haut veut que l'être extérieur du disciple participe avec son être intérieur à cette expérience de l'amour, il révèle le souvenir à l'être extérieur, de façon qu'il puisse invoquer Dieu oralement, sur sa langue, faisant aimer Dieu dans le cœur à l'être intérieur. Ainsi, plus le souvenir est pratiqué, plus grande est la grâce de proximité de la cour divine.

ARDASHÎR AL-'IBÂDÎ : *Manâqib al-sûfiyya*, 50

LA QUALITÉ de l'invocateur (*dhâkir*) est transmuée en la qualité du divin Objet d'invocation et vice-versa, si bien que l'invocateur (*dhâkir*) est annihilé dans l'invocation (*dhikr*), et que l'Invoqué s'empare de l'être de l'invocateur, et règne à sa place. Si vous cherchez l'invocateur maintenant, vous ne trouverez que Celui qui est invoqué, et si vous cherchez le Divin invoqué par tous, vous ne trouverez que le fidèle qui invoque.

NAJM AL-DÎN KUBRÂ : *Al-'usûl al-'asharat*, 58-9

Le verset, *Souviens-toi de moi (et) je me souviendrai de toi* (II 152) a deux significations fondamentales. D'abord : «*Souviens-toi de moi* et si tu te souviens de moi, je me souviendrai de toi en t'octroyant un souvenir (*dhikr*) d'un degré plus élevé que celui de ta pratique antérieure»... La seconde signification est : «*Souviens-toi de moi* en parole ou en actes, car si tu te souviens de moi par un mot ou un acte, je me souviendrai de toi en t'accordant une récompense égale à ton souvenir.»

NAJM AL-DÎN KUBRÂ : *Al-'usûl al-'asharat*, 63-4

Le facteur le plus efficace et utile [dans la pratique du *dhikr*] est l'invocation constante avec la présence du cœur (*qalb*). Quant à l'invocation de la langue et sans la présence du cœur, elle est de peu d'utilité. Il y a aussi des Traditions qui confirment ce point. La présence du cœur un moment dans l'invocation, suivie du désintérêt pour Dieu, à cause de l'occupation avec des choses mondaines, est aussi de peu de valeur. Mais la présence du cœur avec Dieu, constamment ou la plupart du temps, est la préface aux actes d'adoration. Il y a là la sanctification du reste de l'adoration. C'est la réalisation finale de l'acte réel d'adoration.

GHÂZÂLÎ : *Invocations and Supplications*, 22

NE SOIS JAMAIS sans Son souvenir, car Son souvenir donne des ailes et des rémiges et de la force de vol à l'oiseau de l'Esprit. Si tu réalises tout ton dessein, c'est «Lumière sur Lumière» (Coran XXIV : 35). Mais tout au moins, en pratiquant le souvenir de Dieu, ton être intérieur (*bâtin*) sera graduellement illuminé et tu seras libéré du monde.

RÛMÎ : *Fîhi mâ fîhi*, 175

LE SOUVENIR du cœur (*dhikr*) est l'entraînement de l'esprit-oiseau vers l'attraction divine, de même que le chasseur émet, pour la proie qu'il poursuit, des sons qui lui promettent de la nourriture. Tout souvenir de Dieu qui manque d'un tel attrait est dépourvu de valeur, et est dépourvu de toute trace de reconnaissance divine.

NAJM AL-DÎN KUBRÂ : *Al-usûl al-'asharat*, 64

COMBAT SPIRITUEL

« TON PIRE ENNEMI demeure entre tes deux côtés.»

Maxime du PROPHÈTE MUHAMMAD in Khânaqâhî :
Guzîda, 225

ON DIT QUE le Prophète – la paix soit sur lui – lors de son retour d'une bataille, déclara : «Nous sommes revenus du petit combat, pour commencer le grand». Il dit alors que la guerre contre les incroyants était «la petite guerre» et la guerre contre Satan et les passions, la «grande guerre». C'est que si l'infidèle est visible, le démon ne l'est pas. Satan est l'ennemi de notre foi, alors que l'infidèle est simplement un ennemi de l'âme. La guerre menée contre les incroyants a une limite, qui peut être aisément définie, mais celle que l'on mène contre Satan continue jusqu'à la frontière même de la mort. Si vous tuez un incroyant, ou qu'un incoryant vous tue, vous êtes un martyr, mais si Satan triomphe de vous, vous allez en enfer. Vous pouvez faire la paix avec l'infidèle, ou le convertir, mais Satan ne fera jamais la paix, n'est jamais converti.

KHÂNAQÂHÎ : *Guzîda*, 74

Il y a deux types de guerre (*jihâd*) : extérieure, et intérieure. La bataille extérieure est contre l'infidèle (*kâfar*) tandis que la guerre intérieure est menée contre l'âme inférieure (*nafs*). Les guerriers de l'épée sont de trois sortes : le tueur qui est récompensé, celui qui est las des combats à qui est attribué le pardon des péchés, et le martyr qui est tué. De même, les guerriers de l'âme sont de trois sortes : celui qui s'efforce, qui ressortit aux justes et aux pieux (*abrâr*) ; celui qui excelle dans le combat qui soutient la hiérarchie spirituelle (*awtâd*) ; et celui qui est victorieux, qui est compté au nombre des saints apostoliques (*abdâl*). Celui qui engage la guerre contre les incroyants obtient la richesse, mais celui qui engage la guerre contre l'âme est enrichi de la richesse du cœur... Le Prophète appelait la guerre contre l'âme inférieure la «grande guerre» parce que, si l'on peut éviter le conflit avec un ennemi extérieur, nul ne peut se soustraire au combat contre l'âme inférieure. La paix avec les ennemis peut être assurée grâce à la négociation et à la conciliation, mais si l'on tente une conciliation et une négociation avec l'âme, on se condamne à la perdition.

MAYBUDÎ : *Kahf al-asrâr*, IV 60

LA PREMIÈRE mesure qu'un disciple résolu prend, c'est de fouler du pied sa propre âme, et la première épée qu'il brandit, est dirigée contre lui-même, pas contre un infidèle. Toute blessure infligée à un infidèle est seulement corporelle, et son dessein est le pillage des biens de quelqu'un, mais la blessure infligée à l'ego va aux fondations mêmes de la foi, et sa seule intention est de mettre la foi à sac ! Ainsi, tout coup que vous assénez doit être dirigé contre votre ego. Si vous êtes de connivence avec ses activités, n'allez pas imaginer qu'il se conduira gentiment envers vous. Ceux qui sont familiarisés avec cette maxime empilent des épines sur eux-mêmes, à cette fin. Ils font pleuvoir toutes sortes de colère sur eux-mêmes dans le dessein de tenir en respect ce malheureux chien.

MANIRÎ, *The Hundred Letters*, 212

AHMAD KHADRÛYA (m. en 864) dit : J'ai passé toute ma vie à livrer bataille contre l'âme inférieure (*nafs*), jusqu'à ce que je parvienne à contrôler ses appétits et à supprimer ses désirs. Un jour, elle voulut, très excitée, aller en guerre contre les infidèles (*ghazvat*). Luttant corps à corps avec moi, elle se mit à me réciter que «la guerre contre les infidèles est une condition préalable à la piété religieuse ; un principe de foi, un pilier de l'islam, un signe d'obéissance à Dieu.

J'étais stupéfait de toute son excitation, étant donné que l'âme inférieure est totalement incapable d'obéissance à Dieu, et incline rarement au bien. Aussi, je me dis :

'Sous tout cela, il doit y avoir une illusion. Je contraindrai mon âme à jeûner. Peut-être ne sera-t-elle pas capable de supporter la faim, peut-être voudra-t-elle briser son jeûne pendant le voyage, afin de profiter de l'indulgence religieuse, permettant de briser le jeûne pendant un voyage.'

Aussi, je lui dis : 'Je n'ai jamais souhaité briser mon jeûne pendant un voyage.'

'Je suis parfaitement d'accord pour ne pas briser le jeûne pendant un voyage', me répondit mon âme.

'Peut-être ne peut-elle pas supporter de rester éveillée pendant la nuit, hasardai-je. Elle souhaite échapper à cette pratique pendant le voyage'. Aussi, je résolus de ne pas réduire d'un iota mes nuits de prières, et du crépuscule à l'aube, de mettre mon âme sur ses pieds.

'Très bien pour moi, dit mon âme. Je ne me plaindrai pas.'

'Peut-être a-t-elle pris cette résolution parce qu'elle est lasse de la solitude et désire profiter de la compagnie des hommes, pensai-je ; elle aspire à trouver une consolation dans la société humaine.' Aussi décidai-je : 'Pendant mon voyage, je ne prendrai de repos que dans les lieux désolés inhabités, où je peux rester à l'écart de tous les hommes.'

'J'accepte cela de tout cœur', dit mon âme.

J'étais déconcerté. Ne sachant que dire, je me prosternai devant Dieu. 'Ô Dieu, suppliai-je, je Te conjure de me faire connaître la tromperie et de la ruse de mon âme inférieure. Guide mes pas par Ta compassion'. Je finis par découvrir ce que mon âme disait.

'Chaque jour, tu fais pleuvoir sur moi mille coups de l'épée du combat spirituel (*mujâhidat*). Tu m'as tué déjà mille fois, mais aucun autre homme ne le sait. Au moins, si je vais à la guerre, je serai tué une fois pour toutes, et j'obtiendrai ma liberté. Je serai un «martyr» alors, et dans le monde entier, on proclamera et trompettera que «Ahmad Khadrûya est mort en martyr à la guerre sainte !»

'Quel ennemi accablant que l'âme ! soupirai-je. On ne peut entretenir avec elle aucun rapport dans ce monde, et elle ne cherche pas la faveur divine dans l'au-delà ! Elle voulait me tendre une embuscade et m'envoyer, en compagnie des damnés, à la perdition. Enfin, Dieu m'a fait connaître sa ruse, m'accordant une place dans Sa compassion et sa grâce.'

Aussi, je redoublai mes litanies et mes prières, et de nombreuses grâces me furent accordées.»

MAYBUDÎ : *Kashf al-asrâr*, IV : 60-1 ;
'ATTÂR : *Tadhkirat*, 349-50

MON DISCOURS est le fruit du combat spirituel (*mujâhida*) plutôt que le produit de la controverse dialectique. Quelles étranges coïncidences ! Dieu est sans changement, immuable. Le chercheur n'héberge ni hypocrisie ni ruse. La voie est droite. La voie a été nivelée ! Pourquoi alors personne ne s'y risque ? D'où vient tout cet exclusivisme ? Non ! Non ! On doit d'abord parcourir la voie. Si vous n'y allez pas, vous ne connaîtrez pas ! C'est exactement comme les maîtres l'ont dit : «Personne n'a jamais attrapé la gazelle sans la poursuivre, car celui qui l'a prise courait après elle.»

ISFARÂYÎNÎ : *Kâshif al-asrâr*, 144

J'AI FAIT la paix avec tout le monde, décidé à ne jamais faire la guerre à personne, et j'ai déclaré la guerre à mon soi, et je n'ai depuis lors jamais fait la paix avec lui.

KHARAQÂNÎ in 'Attâr : *Tadhkirat*, 684

CONFIANCE EN DIEU

DANS LA VOIE DU SOUFI, c'est totale infidélité,
que de mettre sa confiance dans la connaissance et la piété ;
un pèlerin peut se vanter de cent compétences,
mais il doit avoir confiance.

HÂFIZ : *Dîwân-i Hâfiz*, 559

ET METS ta confiance dans le Tout-Puissant, le Compatissant.

CORAN XXVI : 117

QUE LES CROYANTS mettent leur confiance en Dieu.

CORAN, IX : 51 ; LVIII : 10 ; LXIV : 13

DOIS-JE ATTACHER mon chameau ou avoir confiance en Dieu seul ?», demanda un homme au Prophète. «Attache d'abord ton chameau, puis mets ta confiance en Dieu», répondit le Prophète.

QUSHAYRÎ : *al-Risâlat al-Qushayriyya*, 164

On demanda à Ya'qûb Madhkûrî : «Qu'est-ce que la confiance ?» Il dit : «Abandon du libre arbitre (*ikhtiyâr*).» On demanda à Sahl Tustarî [la même chose]. Il dit : «Abandon des manipulations de la volonté propre (*tadbîr*)». On demanda [la même chose] à Bishr Hâfi (m. en 841). Il répondit : Contentement de son sort (*ridâ*). On posa [la même question] à Abû Hafs Haddâd [m. en 878]. Il dit : «Se débarrasser de son pouvoir propre.» On posa la même question à Hallâj. Il dit : «Voir la Cause des causes (*musabbib*)». On demanda [la même chose] à Fath Mawsilî [m. en 835]. Il dit : «Ne plus s'occuper des causes secondaires (*sabab*). Shaqîq Balkhî fut interrogé [sur le même sujet). Il dit : «[Réaliser que sa propre] vision [de Dieu est] noyée dans l'impuissance [à Le voir].» On demanda à Shiblî [m. en 945] : «Qu'est-ce que la confiance ?» Il dit : «Dans la vision du cœur [de Dieu], oublier tout le monde.»

ANSARÎ : *Tabaqât*, 338

La confiance en Dieu est la négation de la confiance en Dieu», dit Bâbâ Tâhir (XIe s). C'est-à-dire que celui qui a vraiment confiance en Dieu se refuse à tout attachement à cette confiance, en se sens où il n'a pas confiance en sa propre confiance, ni ne lui prête attention.

BÂBÂ TÂHIR : *Kalamât-i qisâr*, 590

TOUTE LA CONNAISSANCE (*al-'ilm*) n'est qu'une branche de l'adoration (*al-ta'abbud*) et toute l'adoration n'est qu'une branche de l'abstinence (*al-wara'*), et toute l'abstinence n'est qu'une branche du renoncement (*al-zuhd*) et tout renoncement n'est qu'une branche de la confiance en Dieu (*tawakkul*) et la confiance en Dieu n'a ni limite ni fin déterminée.

MAKKÎ : *Qût al-qulûb*, II, 3

IBRAHÎM IBN ADHAM a dit : «J'ai une fois traversé le désert, ne reposant que sur Dieu. Plusieurs jours passèrent, mais je ne trouvai rien à manger. Un ami m'accompagnait, mais je pensai que si je devais lui demander quoi que ce soit, ma confiance en Dieu serait annulée. Aussi, j'entrai dans une mosquée et je récitai : 'J'ai foi dans le Vivant qui ne meurt jamais'. Une voix cachée s'écria : 'Exalté soit le Très Haut qui a purifié la face de la terre de tous ceux qui ont confiance en Dieu (*mutawakkalân*) !' Pourquoi cela ? demandai-je. La voix répondit : 'Comment un adepte de la foi en Dieu peut-il être quelqu'un qui, pour un morceau de pain donné par un faux ami, entreprend un long voyage, et finit par reconnaître : «Je crois dans le Vivant qui ne meurt jamais.» Et alors il appelle ce mensonge «Foi en Dieu» ! ! ? ?»

'ATTÂR : *Tadhkirat*, 118

UN JOUR, un homme eut une controverse avec Dhû'l-Nûn ; il lui opposait que la cause du pain quotidien de quelqu'un est la lutte entreprise pour son acquisition (*kasb*). L'ascète répondit en faisant vœu de ne rien manger qui provienne d'une source associée à l'acquisition d'une créature. Ainsi quelques jours passèrent. Il ne mangeait rien. Alors Dieu Tout-Puissant lui envoya des abeilles qui tournèrent autour de lui, et le nourrirent de miel. «Quand je vis ces choses, commenta Dhû'l-Nûn, je compris que Dieu aide celui qui a confiance en Lui, et ne laisse jamais son travail se perdre.»

Je me mis en route. Voyant un petit oiseau aveugle sur un arbre, je m'émerveillai : «Qui nourrira cette malheureuse créature, et lui donnera de l'eau ?» Soudain, l'oiseau descendit en volant de sa branche, et frappa le sol et deux bols apparurent, l'un d'or, l'autre d'argent, le premier contenant des grains de sésame, l'autre de l'eau de rose. L'oiseau mangea les grains et but l'eau de rose, et revint se percher. Les deux bols disparurent. Dhû'l-Nûn dit : «Quand je vis cela, la confiance en la [réalité de la] foi en Dieu (*i'timâd bar tawakkul*) me fut manifestée.»

'ATTÂR : *Tadhkirat*, 138

La confiance en Dieu est la réalisation de son propre besoin désespéré (*idtirâr*).

JURAYRÎ in Attâr : *Tadhkirat*, 581

L'adepte authentique qui croit en Dieu est celui qui ne permet à aucun être, sinon l'Existence de la *Causa causans*, entrer dans sa vision – et ce type de *tawakkul* n'est réalisé que par celui qui est parvenu à la station la plus haute de l'Unité (*tawhîd*).

'IZZ AL-DÎN MAHMÛD KÂSHÂNÎ : *Misbah al-hidâya*, 397

Tant que quelqu'un qui croit en Dieu (*al-mutawakkil*) perçoit les causes secondaires (*al-asbâd*), il est un faux prétendant.

TUSTARÎ in Makkî : *Qût al-qulûb*, II, 5

LE PREMIER degré de confiance en Dieu consiste à devenir, dans la Volonté Omnipotente de Dieu, comme un cadavre entre les mains du laveur qu'il tourne et retourne à volonté, sans aucun mouvement, ni volonté, de sa part.

TUSTARÎ in 'Attâr : *Tadhkirat*, 318

QUAND LA FOI en Dieu est assise près de l'inaction
 paresseuse
elle est vraiment très loin de la chevalerie.
Prenez garde à ne jamais faire d'un autre homme
le porteur du fardeau qui est le vôtre.

SÂ'IB TABRÎZI : *Kukkiyyât-i Sâ'ib Tabrîzî*, 127

ABÛ MUHAMMAD Murta'ash Nishapûrî (m. v. 939-40), un compagnon d'Abû Hafs et de Junayd, racontait qu'il partit en pèlerinage «tandis qu'il avait foi en Dieu» (c.a.d., sans prendre de provisions) treize fois. Cependant, «quand j'ai examiné de près ma conduite, commenta Murta'ash, j'ai vu que tous mes voyages étaient motivés par la passion vaine et l'égoïsme (*bar hawâ-yi nafs bûd*)». «Comment avez-vous su cela ?», lui demanda-t-on. «Eh bien, répondit-il, ma mère m'a demandé une fois [après mon retour] de lui apporter un pichet d'eau, et j'ai trouvé cette demande trop lourde à exécuter. J'ai alors réalisé que tous ces pèlerinages avaient été motivés par ma propre passion avide égoïste (*sharah-i nafs*).»

'ATTAR : *Tadhkirat*, 515

LA CONFIANCE en Dieu, dans l'ancien temps, était une réalité spirituelle (*haqîqat*). De nos jours, c'est devenu une théorie intellectuelle comme les autres (*'ilm*).

JUNAYD in Ghazzalî : *Ihyâ*, IV, 213

DÉTACHEMENT DE LA LOUANGE ET DU BLÂME

JE SUIS LE SERVITEUR de ce mental obstiné de l'homme
sous le dôme d'azur du ciel
qui est libre de tout ce que l'intérêt souille,
des dessins et des couleurs que porte l'attachement.

HÂFIZ : *Dîwân-i Hâfiz*, 90

VOUS NE SEREZ jamais capable de réaliser la vérité de cette tâche [le soufisme] tant que vous n'aurez pas acquis l'une de ces deux qualités : soit vous devenez si profondément oublieux des gens, que vous ne percevez que le Créateur, soit vous deveniez si profondément oublieux de votre propre moi, que vous ignorez et ne craignez aucune perception que les autres ont de vous.

TUSTARÎ in 'Attâr : *Tadhkirat*, 310

SI QUELQU'UN vous dit que vous êtes l'humain le meilleur d'entre les vivants, et que cette remarque vous fasse plus plaisir que si quelqu'un d'autre vous dit que vous êtes la pire personne vivante, vous pouvez concevoir que vous êtes, en réalité, une mauvaise personne.

SUFYÂN THAWRÎ in 'Attâr : *Tadhkirat*, 228

DHÛ'L-NÛN AL-MISRÎ (m. en 860) se promenait dans les montagnes quand il aperçut un groupe de personnes affligées. Il fit part de ce qui se passa :

« 'Que se passe-t-il ?', demandai-je.
'Il y a ici un fidèle qui vit dans une cellule, répondirent-ils. Une fois l'an, il en sort, et souffle sur ces gens, et ils sont tous guéris. Puis il retourne à sa cellule, et n'en sort pas avant qu'une nouvelle année ne se soit écoulée.'

J'attendis patiemment qu'il sorte. Je vis un homme aux joues pâles et aux yeux profondément enfoncés. De crainte respectueuse, la montagne trembla. Il regarda la multitude avec compassion. Puis il leva les yeux au ciel, et souffla plusieurs fois sur les affligés. Tous furent guéris.

Comme il se préparait à revenir dans sa cellule, je saisis sa robe.

'Pour l'amour de Dieu, m'écriai-je, tu as guéri leur maladie extérieure ; je t'en prie, guéris-moi de ma maladie intérieure.'

'Dhû'l-Nûn, dit-il, en me regardant, ôte ta main de moi. L'Ami regarde depuis le zénith de pouvoir et de majesté. S'Il te voit saisir un autre que Lui, Il te remettra à cette personne, et cette personne à toi, et vous périrez mutuellement de vos propres mains.'

Ayant dit cela, il se retira dans sa cellule.»

'ATTÂR : *Tadhkirat*, 140

« L'ACTE le plus noble est celui-ci : que le fidèle se purifie de la notion de sa propre pureté.»

TUSTARÎ in 'Attâr : *Tadhkirat*, 314

LE PAIN et le beurre de l'homme est calamité, souffrance, et adversité. Leurs repas sont déposés pour le déjeuner et le dîner, à la porte d'Iblis. Par la Majesté Toute-Puissante de l'Éternité, vous ne comprenez pas ce que vous lisez ! Comment ces récits pourraient-ils être jamais racontés à vos semblables ? ... Il faut un homme qui est détaché des mondes et qui est devenu isolé, exclusivement, dans sa contemplation (*fard*), pour être capable de manger de la douleur à la place du pain et de l'eau !

'AYN AL-QUDÂT HAMADHÂNÎ : *Tamhîdât*, 191

AMOUR DIVIN

L'ÉTAT D'AMOUR est en dehors
des religions et de la foi
Dieu est la religion de l'amant -
Dieu est l'état de l'amant.

RÛMÎ : *Mathnawî*, II : 1770

ÔAMI, la religion et le credo (*dîn wa madhhab*) des amants est l'Amour. Leur religion regarde la beauté de l'Aimé. L'aimé métaphorique est appelé le «Témoin de la Beauté» (*shâhid*), mais quiconque est un amant de Dieu fait de la splendeur du divin visage sa religion, qui devient pour lui son «Témoin de Beauté». Il est, en réalité, un infidèle (*dar haqîqat kâfar bâshad*), mais, eu égard à la foi [commune] des autres, son infidélité est foi pure.

'AYN AL-QUDÂT HAMADHÂNÎ : *Tamhîdât*, 285

LES AMANTS suivent la religion et la communauté de Dieu. Ils ne suivent la religion et le credo de Shâfi'î ou d'Abû Hanîfa, ni de personne d'autre. Ils suivent la Religion de l'Amour et la Religion de Dieu (*madhhab-i'ishq wa madhhab-i khudâ*). Quand ils voient Dieu, cette rencontre visionnaire de Dieu (*liqâ-yi khudâ*) devient leur religion et leur credo ; quand ils voient Muhammad, cette rencontre visionnaire avec Muhammad (*liqâyi Muhammad*) devient leur foi (*îmân*). Quand ils voient Iblis, cette vision de station devient pour eux [le sens de] l'infidélité. Ainsi, il est possible de comprendre ce en quoi consiste la religion de ce groupe, et d'où provient leur «infidélité».

'AYN AL-QUDÂT HAMADHÂNÎ : *Tamhîdât*, 115-6

Ô DERVICHE ! Des hauteurs de l'empyrée aux profondeurs de la terre, jamais un seul iota d'amour n'est vendu, sauf à l'éventaire de la joie et de la peine humaines. Les êtres purs et immaculés furent nombreux, habitants de la cour céleste. Et cependant, une simple poignée de poussière – l'homme – peut supporter de poids de ce verset accablant, déchirant : «Il les aime et ils l'aiment.»

SAM'ÂNÎ : *Rawh al-arwâh*, 488

LA PREMIÈRE ressource qu'un aspirant qui parcourt la voie soufie doit posséder, c'est l'Amour. Comme mon maître l'a dit : «Le maître spirituel le plus mûr est l'Amour – signifiant ainsi qu'il n'y a pas de maître spirituel plus parfait que l'Amour pour le disciple. Je lui ai demandé une fois : «Quelle preuve y a-t-il de l'existence de Dieu ?» Il dit : «Dieu Lui-même est Sa propre preuve !» – une déclaration qui va de soi – on ne peut sonder la lumière du soleil avec la flamme d'une bougie. On doit connaître le soleil par le soleil, d'où l'adage : «Je connais Dieu par Dieu.»

Mais je dis que, pour le débutant, l'Amour montre la voie de la connaissance divine. Quiconque ne prend pas l'Amour pour maître n'est pas un voyageur de la Voie soufie. L'amant ne peut aimer l'Aimé que par l'Amour. Sa vision de l'Aimé est selon la mesure de l'amour qu'il a. Plus l'amour est parfait, plus son Aimé est beau.

'AYN AL-QUDÂT HAMADHÂNÎ : *Tamhîdât*, 283-4

Ô DERVICHE ! En réalité, quelque honneur et réputation que le monde ait pu avoir, l'Amour l'a tranché. Dans le monde de la servitude, le ciel et l'enfer peuvent avoir quelque poids et mesure, mais dans le monde de l'amour, ils n'ont plus la moindre valeur. Les huit cieux furent donnés à Adam le Pur, mais il les a rejetés pour un grain de blé. Puis il établit les magasins de la haute de son cœur sur la fiente de chameau de la destinée divine, et s'établit dans la cour du chagrin d'amour.

SAM'ÂNÎ : *Rawh al-arwâh*, 314

LE COMMENCEMENT de la fin de l'amour divin, c'est l'oubli, par l'amant, de l'Aimé – quel intérêt l'amant peut-il avoir pour l'Aimé ? ... Un homme doit être si discipliné au cours de l'expérience d'union et de séparation avec l'Aimé, que sa joie n'est pas accrue par l'union, et que sa douleur n'est pas amplifiée par la séparation. Si c'est l'état le plus avancé pour les débutants, ce n'est que le point de départ pour les adeptes proches de la fin de la voie mystique. Vous n'êtes pas encore sortis des reins de votre père !

'AYN AL-QUDÂT HAMADHÂNÎ : *Tamhîdât*, 90

SI UNE SEULE goutte de cet amour qui s'est rassemblé dans le cœur des amis de Dieu devait déborder, elle inonderait le monde entier, si bien qu'il n'y aurait plus de place pour aucune autre eau ; et si une seule étincelle du feu de l'amour qui brûle dans leur cœur devait s'échapper, tout ce qui est de la terre aux Pléiades serait consumé.

KHARAQÂNÎ in 'Attâr, *Tadhkirat*, 692

LA RECONNAISSANCE de l'amant se fait avec l'Amour. Quel est le rapport de l'Aimé avec lui ? Son but est l'Amour. Sa vie est l'Amour. Sans Amour, il meurt... À cause de l'amour, il a tant de peine, tant de douleur, tant de chagrin, qu'il cesse d'être lié par l'Union, et d'être affligé par les tourments de la séparation. Car l'Union ne lui donne aucune joie, la séparation ne lui donne aucune souffrance. Il a abandonné sa volonté à l'Amour.

'AYN AL-QUDÂT HAMADHÂNÎ : *Tamhîdât*, 101

ON INTERROGEA Râbi'a sur l'amour. «L'amour, dit-elle, est émané de la pré-éternité, est entré dans la post-éternité et n'a perçu aucun des dix-huit mille mondes incapables de boire une seule gorgée de sa limonade. Quand finalement l'Amour atteingint la Vérité, cette seule maxime demeura : «Il les aime, et ils L'aiment» (Coran V : 54).

'ATTÂR : *Tadhkirat*, 81

LA FURIE véhémente (*sawdâ*) de l'amour m'a laissé si privé de moi et si ravi dans la passion (*bîkhwud wa shîfta*) que je ne sais même pas ce que je dis. Soudain, le fil de mon discours se rompt. Mais je me redresse bientôt, plus droit que devant. Il lutte avec moi – jusqu'à ce qu'il soit évident que l'un des deux ait été jeté sur le sol. Mais je sais que ce sera moi qui serai jeté à terre – comme tant d'autres comme moi ont été terrassés. Les amants et ceux qui sont affligés de la ferveur de l'amour passeront. La ferveur de l'amour et l'Amour, seuls, sont éternels.

'AYN AL-QUDÂT HAMADHÂNÎ : *Tamhîdât*, 237

COMME DE DOUCES marques de souvenir restant
résonnant dans la voûte des cieux
Il n'est de bonheur plus total, de joie si grande
Qui puisse demeurer, que le chant
fait de mots chantés dans l'amour.

HÂFIZ : *Dîwân-i Hâfiz*, 175 : 8

ÉTATS MYSTIQUES ET STATIONS SPIRITUELLES

COMME UNE BELLE épousée se montrant pour la
 première fois
les états mystiques se manifestent, où les stations
demeurent dans la solitude mystique.
L'apparat formel du sentiment mystique
est vu par les roturiers comme par les rois
– tout le monde le voit ;
mais les rois seuls sont amateurs
de ce spectacle dévoilé qu'Elle donne :
le rite de l'intimité conjugale.
Innombrables sont les soufis et les adeptes
familiarisés avec les états mystiques,
mais rares sont les mystiques intimes avec aucune
 station.

RÛMÎ : *Mathnawî*, I : 1435-8

LE SOUFI est celui dont l'inverse révèle les réalités de l'état mystique dont il fait l'expérience. Tant qu'il ne l'est pas réellement, il ne dit rien ; quand il reste silencieux, sa conduite témoigne de son état, attestant sa rupture avec tous les attachements.

DHÛL-NÛN AL-MISRÎ in 'Attâr : *Tadhkirat*, 150

IL FAUT COMPRENDRE que tout ce dont on doit se garder ou ôter de sa voie peut être considéré comme un «voile» (*hijâb*), et que tout ce qu'on doit cultiver, acquérir et à quoi on doit adhérer, peut être considéré comme une «station»... Il y a quatre voiles ou obstacles principaux sur la Voie soufie : *ambition*, *amour de l'argent (avarice)*, *imitation aveugle, et préjugé*. Il y a quatre stations principales de la Voie : *bonnes paroles*, *bonnes actions, bon caractère*, *et gnose*. Et, pour atteindre ces quatre stations, on doit d'abord ôter ces quatre voiles.

NASAFÎ : *Kashf al-haqâ'iq*, 112

LES ÉTATS MYSTIQUES (*hâl*) sont des dons divins qui descendent jusqu'au cœur et ne sont pas occasionnés par ses propres efforts et entreprises. Ils consistent en chagrin, peur, constriction, expansion, désir ardent, et goût intuitif. Les états mystiques se dispersent à chaque fois que les qualités inférieures de l'âme se font jour, et ils peuvent revenir, ou non ; mais si l'état dure et devient une qualité permanente du mystique, il s'appelle alors une «station» (*maqâm*).

'ABD AL-RAZZÂQ KÂSHÂNÎ : *Istilâhât al-Sûfiyya*, 35 (114)

LE TERME «station spirituelle» (*maqâm*) indique la «station debout» et la «levée» sur la Voie de Dieu, et non pas l'habitation, en ce lieu, du disciple – et aussi l'accomplissement des obligations correspondant à cette station jusqu'à ce qu'il la réalise complètement, autant que cela est humainement possible. Il n'est pas licite que le disciple prenne congé de cette station avant d'avoir satisfait à ses exigences, et rempli les obligations qu'elle entraîne. À cet égard, la première station est «repentance», puis «conversion», puis «renonciation», puis «confiance en Dieu», etc. Aussi, personne ne peut prétendre connaître la «conversion» sans avoir d'abord fait l'expérience de la «repentance», ni «avoir confiance en Dieu» sans «renoncement».

D'autre part, un «état mystique» (*hâl*) est une idée de Dieu qui engage le cœur, et que l'on ne peut repousser par des efforts conscients quand elle arrive, ni attirer par aucun effort après qu'elle est partie.

HUJWÎRÎ : *Kashf al-mahjûb*, 225

Ce qu'un maître considère comme un état, un autre l'appelle «station». L'origine de leurs divergences d'opinion, c'est que toutes les stations sont initialement des états. On peut observer, par exemple, que le repentir, l'auto-examen, et la contemplation, ne sont que des états d'abord, sujets à des fluctuations et des changements ; mais quand des efforts sont faits pour l'acquisition permanente, ils deviennent des stations. Ainsi, les états se rapportent à ce qui peut être acquis par l'effort et les stations relèvent du don divin. Ainsi, la distinction entre eux réside dans le fait que, dans les états mystiques, la faveur divine est manifeste et l'effort humain est caché, tandis que dans les stations spirituelles, l'effort humain est manifeste et la faveur divine est cachée.

'Izz al-Dîn Mahmûd Kashanî : *Misbâh al-hidâya*, 128 ;
in Nurbakhsh : *Spiritual Poverty in Sufism*, 87

LES GRANDS MAÎTRES de la Voie soufie – que Dieu sanctifie leur esprit – ont déterminé que, entre le chercheur et le Cherché, il y a quelque cent stations, chacune incluant dix autres stations. «En vérité, entre Dieu et le disciple, il y a mille stations de lumière et de ténèbres».[8] Tant que le chercheur n'aura pas complètement traversé ces stations au moyen de la réalisation spirituelle des états mystiques (*hâlm*), il n'atteindra jamais l'union avec la Réalité, l'Objet de sa Quête, par vision contemplative directe (*shuhûd*). Aussi, il est facile de voir que la compagnie [des pseudo-soufis] qui – bien qu'ils contredisent les principes de la *sharî'a* dans leur comportement et refusent de fouler le chemin des prophètes et des saints – prétendent à la réalisation des vérités de la Réalité [*haqîqat*] et de la «gnose» (*'irfân*), conduit à la perdition et à l'erreur, et prive de la [vision de la] beauté des réalités de la Foi.

LÂHÎJÎ : *Mafâtîh*, 200

LE SOUFI est celui qui a dépassé toutes les stations et les états spirituels. Il les foule tous du pied, parce qu'ils sont tous rassemblés dans son propre état mystique.

SÎRVÂNÎ, in Jamî : *Nafahât al-uns*, 277

PRATIQUES SPIRITUELLES, CONTEMPLATION ET PRIÈRE

MERVEILLEUSES sont ces prières,
ces vêpres et hymnes ivres,
oraisons d'amants trop ivres pour prier -
Dis-moi s'ils sont bien récités
orthodoxes pour la ponctuation, précis quant au ton,
car les amants dans cette ivresse
ne connaissent ni temps ni lieu.
Deux prosternations, étranger ! est-ce
ce que j'ai fait ? Hélas, était-ce la huitième ?
Quel verset coranique ai-je bien pu lire ?
J'oublie, je jure que je n'avais pas de langue !
Comment puis-je frapper à la porte de Dieu -
Je n'ai plus de cœur ni de main.
Étant donné que les mains et le cœur,
ô Dieu, tu me les a ôtés,
accorde-moi refuge, je t'en supplie !
Je suis si ahuri, quand je prie, je le jure -
tellement inconscient – de celui qui est devant moi,
que lorsque je plie mes genoux, je ne sais pas
si je me prosterne ou si je m'agenouille.
Désormais, je serai comme une ombre, tournant

devant chaque Imam, en une danse rapide,
comme la lumière et l'ombre qui apparaissent et disparaissent
projetées par le balancement du parasol.

RÛMÎ : *Divan-i Shams-i Tabriz*, 2831, 30053-60

QUAND LE CHERCHEUR réalise la station de contemplation (*mushâhida*), qui consiste à être témoin de l'Essence de Dieu comprenant et embrassant tous les phénomènes – « Votre Seigneur ne suffit-il pas, Qui est témoin de toutes choses » (XLI : 53) – il témoigne continuellement des lumières du monde invisible. Selon cette perspective du mystique, ce monde et l'autre monde sont un seul. Cela ne peut être réalisé que par une vision qui est tout cœur et tout esprit, non pas une vision liée à la fange.

IBN KARBALÂ'Î : *Rawdât al-janân*, II, 164

Y A-T-IL UNE meilleure méthode d'approcher Dieu que la prière rituelle ?» demanda-t-on à Rûmî. «Non, la prière rituelle est la meilleure. Mais la prière rituelle ne consiste pas seulement dans ces formes extérieures. Elles ne sont que le corps de la prière rituelle. La prière rituelle formelle a un commencement et une fin, et les commencements et les fins appartiennent aux choses corporelles, aux «corps». Tout ce qui ressortit au discours et au son a un commencement et une fin, mais l'âme est inconditionnelle et infinie : elle n'a ni commencement ni fin. En tout cas, ce sont les prophètes qui ont formulé et créé ces prières rituelles. Mais le prophète même qui a inventé la prière rituelle [musulmane] nous dit : 'J'ai un moment mystique avec Dieu où aucun autre prophète ni archange, envoyés par Dieu, ne peuvent être contenus.' Nous pouvons inférer que l'âme de prière ne consiste en aucune forme ; c'est plutôt une absorption et une inconscience qui garde toutes les formes à l'extérieur, qui ne peuvent y être contenues. Dans ce 'temps', il n'y a pas de place même pour Gabriel, qui est pur esprit.»

RÛMÎ : *Fîhi ma fîhi*, 11-2

LA CLEF du succès dans l'adoration, réside dans la réflexion méditative (*fikrat*)... quiconque persiste dans cette réflexion du cœur verra le royaume invisible en esprit.

DHÛ'L-NÛN AL-MISRÎ in 'Attâr : *Tadhkirat*, 154

QUICONQUE contemple Dieu en gardant son attention sur les pensées qui passent par son cœur, sera exalté par Dieu dans tous ses actes extérieurs.

DHÛ'L-NÛN AL-MISRÎ in 'Attâr : *Tadhkirat*, 155

LE VOYAGEUR MYSTIQUE, utilisant le corps et la prière rituelle, peut s'envoler au-delà du ciel et de la terre, et étant témoin de la lumière de la contemplation divine, peut tout oublier temporairement, de façon que la réalité intérieure du Sultan de l'Unité divine lui sera révélée, quand il professera l'Unité divine et l'apostolat du Prophète pendant le prière rituelle.

SHIHÂB AL-DÎN 'UMAR SUHRAWARDÎ : *'Awârif al-ma'ârif*, 2, 134

La réalité du dévoilement visionnaire (*kashf*) consiste dans le dévoilement de quelque chose, en sorte que celui qui fait l'expérience de ce dévoilement appréhende une chose que, auparavant, il n'appréhendait pas. Comme Dieu l'a dit : «Nous avons soulevé le voile devant vous.» (L : 22)... Avant tout, la vision intellectuelle (*dîda-yi 'aql*) est ouverte, de façon que, en raison du dévoilement et de la pureté d'esprit, les réalités spirituelles lui soient manifestées, les mystères des intelligibles divins y étant dévoilés. On appelle cela dévoilement intellectuel (*kashf-i 'aqlî*), mais on ne peut trop s'y fier, car, si l'expérience spirituelle ne la soutient pas, la vision intellectuelle ne doit pas être crue... La plupart des théosophes et des philosophes restent à ce niveau... Mais on dépasse ensuite le dévoilement des réalités intelligibles, là où le dévoilement du cœur devient manifeste, qui est appelé dévoilement contemplatif (*kashf-i shuhûdî*)... Après cela viennent les dévoilements inconscients (*mukâshifât-i sirrî*), appelés aussi «dévoilements inspirés», dans lesquels les mystères de la création et de la sagesse qui sous-tendent l'existence de chaque chose dans la nature sont divulgués... Suivent alors les dévoilements spirituels (*mukâshifât-i rûhî*)... où, au début de cette station, on voit les hiérarchies divines, les vastes étendues du ciel et de l'enfer, et on fait l'expérience des visions des anges tout en conversant avec eux.

RÂZÎ : *Mirsâd al-'ibâd*, 310-3

QUAND LE VOYAGEUR abandonne le souvenir (*dhikr*) et que le reflet se présente et s'empare de lui, il s'envole au-delà du domaine du corps et atteint le monde de l'esprit (*'âlam-i arwâh*). Quand il dépasse la réflexion, l'inspiration se présente, qui lui permet de dépasser le domaine de la raison (*'âlam-i 'aql*) et arrive au monde de l'amour (*'ishq*). Quand il dépasse le niveau de l'inspiration, la vision contemplative (*'iyân*) se présente, et il dépasse le monde de l'amour et parvient à la station spirituelle de la stabilité (*tamkîn*). Or, s'il le désire, il s'engage dans le souvenir (*dhikr*), ou il désire se livrer à la pensée contemplative, ou encore il nie ces deux pratiques afin d'être réceptif à l'inspiration (*ilhâm*), et il est alors informé d'événements passés ou non encore accomplis. C'est-à-dire qu'il polit le miroir de son cœur d'images des deux mondes, de façon que l'image de tout ce qui arrive dans le monde, dans le présent ou le futur, puisse entrer dans son cœur.

NASAFÎ : *Kashf al-haqâ'iq*, 141-2

MUSIQUE ET CHANT

SAMÂ' EST la nourriture des amants ;
Les fils de l'imagination dispersée
en elle se concentrent.
Les fantaisies de la psyché prennent, dans la musique, de la force ;
Non, transcendent la force, par la lamentation
de la flûte et de la corne, elles prennent forme.

RÛMÎ : *Mathnawî*, IV : 742-3

LA *SAMÂ'* de l'âme n'est pas faite seulement
de mots et de consonances.
Non, à chaque endroit, à chaque accord,
il y a une autre énigme contenue.

SHABISTARÎ : *Gulshan-i râz*, 102

CHAQUE CHOSE a sa propre nourriture, et la musique (*sama'*) est la nourriture de l'esprit.

NASRÂBÂDÎ in 'Attâr : *Tadhkirat*, 793

LE CORAN est la parole de Dieu et l'une de Ses qualités, et c'est une Vérité que l'humanité ne peut comprendre parce qu'elle est incréée, et les qualités créées (humaines) ne peuvent la saisir. Si seulement un grain de sa signification et de sa splendeur était révélé au cœur humain, celui-ci se briserait d'effroi et de confusion. Mais les douces mélodies concordent avec les humeurs naturelles (*al-ilhân al-tiyibba munâsibat li-tabâ'*) et ont une relation avec ces humeurs via le plaisir naturel (*al-huzûz*)[de l'âme], plutôt qu'à travers son privilège naturel et son droit de naissance (*al-huqûq*). Ainsi, la relation de la poésie [à l'âme] appartient à ces plaisirs naturels. Et ainsi, quand les mélodies et les sons sont combinés avec les allusions symboliques et les subtilités [poétiques] (*al-ishârât wa'l-latâ'if*), ils s'adaptent mutuellement, étant donné qu'ils sont tous deux proches des plaisirs naturels [de l'âme] et semblent légers au cœur, parce que ce qui est créé est uni au créé. Ainsi, tant que notre «humanité» demeure et que nous nous complaisons dans des mélodies mélancoliques et des sonorités douces, nos propres qualités et plaisirs naturels, notre réceptivité et ouverture à la contemplation de la continuation de ces plaisirs grâce à la poésie, sont plus grands que notre réceptivité à la parole de Dieu, qui est sa Qualité et sa Parole, ayant commencé en Lui et à Qui elle retourne.

GHAZÂLÎ : *Ihyâ*, II, 264-5

QUAND BEAUCOUP d'arrangements mélancoliques et d'harmonies spirituelles – c'est-à-dire, la musique – sont évoqués chez quelqu'un, la nature de celui-ci en vient à les préférer à tout le reste. Ainsi, quand une personne écoute des mélodies harmonieuses qui évoquent ces significations archétypales relatives à la saveur du cœur et aux qualités de l'Unité divine (*al-ma'ânî al-dhawqiyya wa'l-haqâ'iq al-tawhîdiyya*), tout son être incline à ces choses, chacun de ses membres reçoit son propre plaisir. Ainsi, tandis que l'oreille entend les subtilités des harmonies de l'Infini, l'œil appréhende la concordance du mouvement, le cœur, les subtilités des idées, et la raison (*'aql*) connaît le ravissement des harmonies de l'Infini.

AHMAD TÛSÎ : *Bawâriq*, 121-2

CE QUI FAIT apparaître les états mystiques dans le cœur à l'écoute de la musique (*Samâ'*) est un mystère divin (*sirr Allâh*) qui se trouve dans la relation concordante des tons mesurés [de la musique] avec les esprits [humains], et dans la satisfaction de l'esprit par les accords de ces mélodies, qui l'émeuvent – que l'on ressente désir, joie, chagrin, expansion, ou constriction. Mais la connaissance de la cause de l'affection des esprits par le son est l'une des subtilités mystiques des sciences de l'expérience visionnaire [connue des soufis].

GHAZÂLÎ : *Ihyâ*, II, 230

LE DISICIPLE aspirant, l'aspirant désirant, le voyageur sincère, et le chercheur inspiré par l'amour divin, doivent se revêtir des habits de la vigilance pieuse (*taqwâ*), qui leur inspirent la constance, et leur octroient des pouvoirs cachés de volonté, et qui donnent les fruits du rang spirituel élevé et du salut dans l'au-delà. Ainsi, les flammes du désir divin en lui seront allumées à chaque instant et ranimées sans cesse, de façon que la grâce de Dieu – le don de ce monde – bénisse tous ses jours, en sorte que, dans *samâ'* – il soit capable de contrôler ses mouvements, sauf quand il est emmené au-delà de lui-même – comme une personne qui doit éternuer, qu'elle le veuille ou non. Sarî Saqatî (m. en 871) disait : «Celui qui crie, d'extase, tandis qu'il est en *samâ'*, doit être si dépourvu de conscience que si quelqu'un le frappe au visage avec une épée, il ne sentira pas le coup ni la douleur de la blessure infligée.»

SHIHÂB AL-DÎN 'UMAR SUHRAWARDÎ :
'Awarîf al-ma'ârif, éd. Ansârî, 96

QUAND [au moyen de la musique], les divers membres du corps sont correctement recueillis, la haine et l'aversion sont ôtés et la concorde (*hukm al-tawâfuq*) apparaît. La disharmonie et la dissension (*al-tanâfur*) relèvent de l'obscurité, tandis que la concorde provient de la Lumière – ainsi, quand l'obscurité est dispersée et que la lumière brille, ses affaires mondaines et les réalités spirituelles sont révélées avec une clarté que mille efforts n'auraient pu obtenir.

AHMAD TÛSÎ : *Bawâriq*, 123

GNOSTIQUES ET GNOSE

LES SIGNES DE DIEU brillent de la lumière divine :
L'Essence jette ses rayons sur eux – ils brillent.
L'Essence, sois-en certain, ne sera pas montrée par son
propre rayon.
Quand par Sa lumière le monde est rendu manifeste
Comment serait-Il rendu distinct par elle ?
La Lumière de l'essence n'est pas amoindrie
pour convenir à l'ensemble des phénomènes de la Forme ;
la Lumière Auguste est trop forte pour cela,
La Rage de Sa Gloire subjugue la matière.
Sois libéré de la raison, sois entièrement avec Dieu -
Son éclat solaire, les yeux des chauves-souris ne peuvent le
voir.
Car en ce lieu où la Lumière
divine est ton guide, que reste-t-il
pour le discours et les homélies
déclamées par l'Ange Gabriel ?
L'ange et le séraphin aiment la proximité
de Sa cour, mais ils ne peuvent connaître
cet état du cœur qui a dit : «J'ai un temps
avec Dieu qu'aucun autre prophète ne trouve, qu'aucun
ange ne connaît,
pas même l'esprit le plus pur – Gabriel» [9]

Et étant donné que Sa lumière enflamme les ailes
des anges, la raison aussi, des orteils au sommet du crâne,
il voue aux flammes.
L'éclat que la raison terne a, devant
cette Source de Lumières, est comme le rayon jeté par
l'œil nu à l'orbe du jour ;
aussi, si le voyant la fixe trop, ou reste
trop près d'elle, sa vision s'obscurcit sans délai,
sa connaissance est éclipsée.

SHABISTARÎ : *Gulshan-i râz*, 71-2

LE COSMOS créé est tout ténèbres. Il n'est illuminé que par la manifestation de Dieu en lui. Celui qui voit le monde et ne Le contemple pas en lui ou par lui ou avant lui ou après lui, manque d'illumination et est isolé par un voile des soleils de gnose au-dessous des nuages des choses créées.

IBN 'ATÂ'ILÂH : *Kitâb al-Hikam*, 91 (25)

از روی انکار می گفتند که این صورت مناسب نیست که حضرت شیخ از کتاب می شنودند

درویش این سخن را در مجلس آنحضرت مذکور ساخته بزبان شیرازی فرمود و یکیش ارزه و نواز

خوش بکیش و اچرخ و باز خوش پسکین و ز بهان کش و ایکی سرو ناز خوش کنیو بت در شهر

شیرازان جوان بخدمت شیخ مشغول بود و پای آنحضرت را می مالید چنانکه شیخ عراقی فرماید

جوانان عاشقی بر شد روز نه بود و ز نهفته شد سالها اجا جان افروز

DIEU DÉCLARE : «Quand ils entendent ce qui a été envoyé au Messager, vous voyez leurs yeux déborder de larmes parce qu'ils savent que c'est vrai» (Coran, V : 83). La gnose est la connaissance, et elle est triple, consistant en trois degrés dans l'ordre suivant : Le premier degré est connaissance de l'être, son unité et son unicité ; puis la connaissance du Pouvoir (divin), de l'Omniscience, et de la Bienfaisance ; et troisièmement, la connaissance des œuvres charitables, amour, bonté et proximité. Le premier type de gnose est la porte de la maison de l'islam : le deuxième est la porte de la maison de la foi ; et la troisième est la porte de la maison de la sincérité. La voie qui mène à la première porte est celle de la vision de la providence du Créateur dans le détachement et l'attachement des œuvres (humaines). La voie qui mène à la troisième porte est celle de la perception de la Miséricorde de Dieu, qui reconnaît les œuvres méritoires et ne tient pas compte des péchés. Cette dernière porte est le domaine des gnostiques, l'alchimie des amants, la voie de l'Élu. C'est la voie qui embellit le cœur, amplifie la joie et élargit le sentiment d'amour.

ANSÂRÎ : *Sad Maydân*, 310-1

LA GNOSE ésotérique est une sorte de connaissance comprise et appréhendée par les intimes de Dieu (*ahl-i qurb*), qui leur est impartie au moyen de l'instruction et de l'inculcation divines, et non par des preuves rationnelles ni des témoignages fondés sur les narrations théologiques. Au sujet de Khidr – la paix soit sur lui – la Parole éternelle de Dieu a déclaré : «Et nous lui avons appris la connaissance à partir de Notre Présence» (XVIII : 65). Or, la différence entre une connaissance théorique de certitude et la gnose ésotérique, est que la première comporte l'appréhension de la lumière de l'Essence divine et des attributs divins, alors que la dernière est l'appréhension directe des réalités et des paroles spirituelles de Dieu, sans aucun intermédiaire humain. La gnose ésotérique est de trois sortes : révélation divine, inspiration et cardiognose (discernement intuitif du cœur).

'IZZ AL-DÎN MAHMÛD KÂSHÂNÎ : *Misbâh al-hidâya*, 75-6

UN HOMME n'est pas un gnostique tant qu'il n'est pas comme la terre sur laquelle marchent le juste comme le pécheur ; comme les nuages, qui jettent leur ombre sur toutes les choses, et, comme la pluie, qui irrigue et arrose toutes choses – qu'il les aime ou non.

JUNAYD in Qushayrî : *al-Risâlat al-Qushayriyya*, 315

QUICONQUE obtient la connaissance gnostique de sa propre âme obtient aussi la gnose de l'âme de Muhammad ; et quiconque réalise la gnose de l'âme de Muhammad pose le pied de son aspiration sur la gnose de l'Essence divine. C'est la signification (de l'adage du Prophète) : «Quiconque m'a vu, a vu Dieu», car quiconque n'a pas de connaissance de soi n'a pas de connaissance de Muhammad. Comment peut-il jamais devenir un gnostique de Dieu ? Quand la connaissance de la Lumière de Muhammad est obtenue, en sorte que ce serment «ceux qui jurent obéissance à toi (Muhammad), jurent fidélité seulement à Dieu» (Coran, XLVIII) soit confirmé, l'œuvre du voyageur dans ce monde et l'Autre atteint son sommet, et «ce jour j'ai perfectionné votre religion pour vous» (Coran V :3) lui est annoncé.

'AYN AL-QUDÂT HAMADHÂNÎ : *Tamhîdât*, 57-8

ON NE PEUT voir Dieu par l'œil du raisonnement issu de la raison, car c'est seulement grâce à l'œil du cœur, qui est la faculté de la vision intérieure, que l'on peut voir Dieu. Tant que vous ne concentrerez pas cet œil, de façon à aiguiser sa vision avec le collyre de l'ascèse, de la conduite spirituelle, de la purification de l'âme, de la purification du cœur, et de l'illumination de l'Esprit, vous serez incapables d'être témoin de la Beauté de l'Ami dans la contemplation. Tous les maîtres de la Voie s'accordent sur ce que

cette réalité ne peut être réalisée qu'au moyen de la direction d'un Homme parfait qui connaît et contemple Dieu.

LÂHÎJÎ : *Mafâtîh*, 66

CHER AMI ! Édifie-toi par la gnose de ton soi, car la gnose en ce monde est la graine (qui mûrit dans) la Vision de Dieu dans l'au-delà. Qu'entends-tu ? dis-je : Quiconque possède la gnose (*ma'rifat*) aujourd'hui percevra la Vision divine (*ru'yat*) demain. Écoutez la parole de Dieu : «Quiconque a été aveugle ici en ce monde sera aveugle dans l'Au-delà et même encore plus dévoyé» (Coran, XVII : 72). Aussi, quiconque est aveugle eu égard à la gnose de Dieu en ce monde, sera aveugle dans l'Au-delà pour ce qui est de la Vision de Dieu. Écoutez Muhammad – la paix soit sur lui – qui a dit : «Le Jour de la Résurrection, quelqu'un s'écriera 'ô Seigneur !', et l'appel lui sera retourné – 'ne m'invoque pas, car étant donné que tu ne me connais pas dans le monde, comment me reconnaîtras-tu dans l'Au-delà ?» «Ils se sont oubliés eux-mêmes ; aussi, Il les a oubliés» (IX : 67), signifie précisément cela.

'AYN AL-QUDÂT HAMADHÂNÎ : *Tamhîdât*, 59

LA GNOSE est l'incapacité à trouver une seule particule de colère ou d'agressivité en soi-même.

HASAN AL-BASRÎ in 'Attâr : *Tadhkirat*, 43

LE GNOSTIQUE est celui dont le goût n'est jamais souillé par rien. Quelque trouble et sombre que soit la boisson qu'on lui sert, il la transforme en vin clair et pur.

BÂYAZÎD in 'Attâr : *Tadhkirat*, 194

LA SUBSTANCE de l'appréhension innée [en l'homme] – c'est-à-dire, la gnose universelle-synthétique – ne peut être saisie par les pouvoirs de la réflexion, parce qu'il est impossible de démontrer ce qui Soi-même est la cause de la démonstration. Ici, en fait, la réflexion devient un voile sur l'objet de réflexion. Pour cette raison, il [le Prophète] a ordonné : «Ne réfléchissez pas sur l'Essence de Dieu». Le lieu correct de réflexion est l'appréhension consciente par l'intermédiaire des signes de Dieu ; c'est pour cette raison que la réflexion sur ces «signes» a été enjointe (in Coran III : 191 : [«Ceux qui se souviennent de Dieu, debout et assis et allongés, et réfléchissent sur la création des cieux et de la terre»]).

SHABISTARÎ : *Haqq al-yaqîn*, 290

Le Prophète a dit : «Réfléchissez sur les attributs de Dieu, mais ne réfléchissez pas sur Son Essence». Ici, le monde de la Loi religieuse (*sharh*) est sens dessus-dessous. Comprenez-vous ce que je dis ? Je dis : «La Lumière du Dieu Tout-puissant peut être vue par soi-même, et à ce niveau, un homme est en lui-même. Mais l'Essence de Dieu ne peut être vue que grâce à Dieu, et cette expérience fait sortir 'l'homme' d'un homme, le rendant sans ego.» C'est la signification de la [première partie du] verset «la vision ne Le contient pas» [VI 103] – qui ravit le voyageur de lui-même – [mais la deuxième partie] «mais Il comprend toute Vision» [VI 103] implique que tout est Dieu... Hélas ! Ces idées ne peuvent être comprises que par celui qui a transcendé les soixante-douze sectes étranges (de l'islam). Mais que grande est la distance entre une personne qui n'a pas même compris une dénomination complètement, et ces paroles !

'AYN AL-QUDÂT HAMADHÂNÎ : *Tamhîdât*, 303-5

ENTRE LA RELIGION légale (*sharî'at*) et la gnose (*ma'r-ifat*), il y a soixante-dix mille degrés. Entre la gnose et la Réalité (*haqîqat*) il y a encore soixante-dix mille degrés, puis encore un million de degrés de la Réalité divine à la Cour de Dieu ! La réalisation de chacun de ces degrés demande une vie aussi longue que celle de Noé, et une pureté de cœur égale à celle de Muhammad !

KHARAQÂNÎ in 'Attâr : *Tadhkirat*, 708

CIEL ET ENFER

PARTOUT où il n'y a pas de Mullahs, c'est là
Que le paradis peut être trouvé. Là où la colère des mullahs
Et leur rage insensée et leurs crises délirantes
N'existent pas, là se trouve le domaine du ciel.
De la fureur du mullah et du zèle du mullah,
Puisse le monde être délivré, de façon que plus personne
N'ait affaire aux fatwas et aux décrets insanes du mullah !

DÂRÂ SHIKÛH in Hasrat : *Dârâ Shikûh*, 139

ON DEMANDA à Dhû'l-Nûn : «Qu'est-ce qui fait qu'un disciple est digne d'entrer au paradis ?» Il répondit : «On mérite l'entrée au paradis grâce à cinq choses : constance inébranlable, effort inlassable, méditation sur Dieu dans la solitude et la société, anticipation de la mort en préparant une provision pour l'au-delà, et s'amener à rendre compte, avant d'être amené au jugement.»

'ATTÂR : *Tadhkirat*, 156

« DIEU nous a débarrassés du ciel et de l'enfer, afin que l'on puisse T'adorer Toi seul ! », s'écria Shiblî. Sous cette affirmation, il y a un message secret adressé aux éminents leaders spirituels. Il voulait dire qu'adorer Dieu tout en convoitant ses récompenses ou en craignant son châtiment est, en réalité, une sorte de culte rendu à soi-même. Ce n'est pas de la dévotion à Dieu. La réalité de l'Unité divine consiste à ne désirer que Dieu, de Dieu. Quiconque cherche quelque chose autre que Dieu de la part de Dieu n'a pas encore atteint la perfection de l'Unité divine.

BUKHÂRÎ : *Shahr-i Ta'arruf*, II 701

LA PREMIÈRE chose dont le pèlerin spirituel est conscient, concernant le domaine de l'Au-delà, est la condition qui prévaut dans la tombe, et la première similitude imaginale que le mystique voit dans la tombe. Par exemple, toutes les choses promises [dans le Coran], devant apparaître dans leur tombeau aux habitants de l'enfer – comme les serpents, scorpions, chiens et feu – lui sont montrées en imagination. Ces choses sont toutes à l'intérieur de l'homme spirituel, car elles proviennent toutes de lui, et sont ainsi, toujours avec lui.

'AYN AL-QUDÂT HAMADHÂNÎ : *Tamhîdât*, 288-9

« SEIGNEUR ! Si tu vois un lieu de culte pour un autre que Toi en moi, brûle-moi dans Ton Enfer ! Il n'est de Dieu que Toi», s'exclama Shiblî. De telles expressions viennent du ravissement. La compréhension de leur interprétation dépend de la connaissance que le mystique a eue au moment où il les a proférées. Ces émotions ne sont pas constantes ; ce sont plutôt des états qui descendent sur le disciple pour un moment et ne durent pas. Elles consistent en un influx d'amour de la part du Dieu Tout-puissant, vers ses amis et disciples choisis. Si ces moments étaient continus, le mystique serait libéré de toutes les restrictions et prohibitions religieuses, et l'observation de toute convention et moralité normative, ne serait pas exigée de lui.

SARRÂJ TÛSÎ : *Kitâb al-luma'*, 405

IL Y A QUATRE paradis : Le premier est le paradis du domaine des formes qui contient une nourriture délicieuse, de douces boissons, et des femmes adorables – donné en récompense des actions méritoires. On l'appelle le paradis des actes ou le ciel de l'âme.

Le deuxième est le paradis de l'héritage prophétique ; c'est le paradis de l'éthique, que l'on atteint en suivant correctement le Prophète.

Le troisième est le paradis des Attributs divins. C'est le paradis spirituel, réalisé au moyen de la théophanie des Noms et Attributs divins. C'est le paradis du cœur.

Le quatrième est le paradis de l'Essence divine, atteint par la contemplation de la beauté de l'Unité divine. C'est le paradis de l'Esprit.

'ABD AL-RAZZÂQ KÂSHÂNÎ : *Istilâhât al-sûfiyya*, n° 60-3

NOTRE ÉTOILE céleste est hors de tous les cieux :
L'Essence sacrée elle-même est le ciel
et la sphère de notre étoile.

MAGHRIBÎ : *Dîwân-i Maghribî*, 8 : 3

Le ciel est l’existence et
L’enfer ce qui est contingent dans
L’être. Ainsi, ce «toi» et «moi» -
Identité-propre – est comme
Le purgatoire intermédiaire.
Quand ce voile se lèvera devant tes yeux
Les credos et leurs décrets disparaîtront alors,
Les rites et les règles de la foi cessent tous d’exister.

SHABISTARÎ : *Gulshan-i râz*, 79

[Commentaire sur le poème ci-dessus] L’existence, c’est-à-dire, toute l’existence, est elle-même un paradis étant donné que par «paradis», on signifie l’appréhension de la symétrie harmonieuse et de la concorde sympathique (*mulâyim*). Tous les modes de perfection constituent naturellement la substance même de l’existence, sur le plan de laquelle – en mettant de côté Ses apparences sous des formes diverses d’existence possible – il n’y a ni discorde ni imperfection.

De même, l’existence, contingente ou possible, peut être comparée à l’enfer parce que «enfer» signifie l’appréhension de la dissonance et de la discorde (*nâmulâyim*). Toutes les horribles abominations, la dysharmonie, l’incompréhension, l’opposition, la restriction, l’échec, et les qualités manquantes, apparaissant tout au long de l’existence – et qui nécessitent l’existence de l’enfer –, appartiennent, en réalité, à la seule existence *possible* [non en acte].

Tout comme le purgatoire, les autodéterminations individuelles illusoires de «je» et «tu», sont suspendues entre l'existence – typifiée par la Nécessité, et la contingence – typifiée par la Possibilité, l'homme étant, par la vertu de son «état médian», une synthèse de ces deux aspects (Nécessité et Possibilité). Ainsi, chaque fois que les propriétés du domaine de la multiplicité relevant de l'existence possible, prévalent chez l'homme, en sorte qu'il soit caractérisé par une qualité morale qui nie les attributs divins, il est littéralement «en enfer», enchaîné par les liens des qualités iniques de son caractère immoral et de sa conduite pécheresse, mauvaise. Quand, en revanche, les propriétés de la Nécessité et de la Perfection, prévalent dans sa nature, et que son inclination est à l'Unité divine, et que sa source céleste s'accroît, il entre dans l'éternité céleste, et demeure parmi les habitants de l'Éden «où ils ont ce qu'ils veulent» (XVI : 31).

LÂHÎJÎ : *Mafâtîh*, 196

CHAQUE FOIS qu'apparaît l'illusion de ton égoïté – il y a l'enfer. Chaque fois que «tu» n'es pas – c'est le ciel.

ABÛ SA'ÎD in Ibn Munawwar :
Asrâr at-tawhîd, Shafî'î-Kadkanî, 299

NOTES

1. En arabe, le terme «disciple» (*murîd*) signifie «celui qui désire» ou veut. *Al-Murîd* est un nom divin signifiant «le Tout Voulant». Appliqué à une personne, il signifie «celui qui désire suivre», celui qui désire agir comme un humble disciple.
2. Le terme *murâd* peut être traduit par «maître spirituel», «objet de désir», «volonté» ou «désir», selon le contexte. Toutes ces significations sont entrelacées et délibérément exploitées dans ce passage, la polysémie du terme employé ici, devant approfondir les niveaux multiples psychologiques et spirituels de l'analyse d'Isfarâyînî de la relation maître-disciple. Il est possible, voire probable, que la traduction ci-dessus ait réduit les divers niveaux paraboliques de signification à leur expression la plus simple, voire la plus superficielle.
3. Voir note 1.
4. Isfarâyinî croyait que l'exécution de Majd al-Dîn Baghdâdî (m. en 1219) sur ordre du Shâh de Khwârazm, Muhammad ibn Tikish, était la cause véritable du massacre mongol.
5. Coran XXIII :101.
6. Proche du Prophète et transmetteur de nombreux proverbes formulés par celui-ci, Abû Dharr (m. v. 652-3) était connu pour son tempérament dévot.
7. Cela fait écho au Coran LIII, 32 : «Ne prétendez pas à la pureté. C'est lui qui sait le mieux qui est pieux.»
8. Une version semblable de ce *hadîth* est rapportée par Muslim, Ibn Mâja, et Ibn Hanbal.
9. Une tradition du Prophète. Voir Fûrûzânfar, *Ahâdîth-i Mathnawî*, p. 39.

BIBLIOGRAPHIE

Anonyme, *Khulâsa-yi Sharh-i Ta'arruf*. Ahmad 'Alî Rajâ'î (Téhéran : 1970).

'Ansârî, 'Abdullâh, *Tabaqât al-sûfiyya*. Muhammad Sarvar-Mullâ'î (Téhéran : Sahâmî'âm, 1362/1983).

'Ansârî, 'Abdullâh. *Rasâ'îl-i Jâma'-yi Khwâja 'Abdu'llâh Ansâri*. Vahîb Dastgirdî (Téhéran : Furûghî, 1347/1968).

'Abdu'llâh Ansârî. *Rasâ'îl-i Khwâja 'Abdu'llâh Ansârî. M. Shîrwânî* (Téhéran : Afaq, 1352/1963).

'Ansârî, 'Abdu'llâh. *Sad maydân* (*Les Cent Domaines*) par 'Abdu'llâh 'Ansârî. In Muhammad Sarvar-Mullâ'î, *Majmû'a-yi Rasâ'il-i fârsi-yi Khwâja 'Abdu'llâh Ansârî* (Téhéran : Intishârât-i Tûs, 1377/1998).

'Assâr, Sayyid Muhammad Kâzim. Dar Ma'rifat-i vali, in *Majmû'ah-yi Âthâr-i 'Assâr.* Sayyid Jalâl al-Din Âshtiyânî (Téhéran : Amîr Kabîr 1376/1997).

'Attâr, Farîd al-Dîn. *Tadhkirat al-awliyâ'*. M. Isti'lâmî. (3° éd.), (Téhéran : Zawwâr, 1365/1986).

Awhadî Maraghî, *Dîwân-i Awhadî Maraghî*. Sa'îd Nafîsî (Téhéran, Amir Kabir, 1340/1961).

Bâbâ Tâhir, *Kalamât-i qisâr.* Javâd Mashkûr in *Shahr-i awhâl wa âthâr wa dû-baytîhâ-yi Bâbâ Tâhir*, (Téhéran : Silsila-yi intishârât-i anjuman-i âthâr-i millî n° 113, 1354/1975).

Baghdâdî, Ibn Mî'mar Hanbâlî. *Kitâb al-futuwwa*. M. Jawâd, M. al-Hilâlî et al. (Bagdad, 1958).

Bahâ'î, Shaykh (= 'Âmilî, Bahâ' al-Dîn Muhammad al-), *Kulliyât-i Ash'âr-i Farsî u Mûsh u Gurba-yi Shaykh Bahâ'î*. Mihdî Tawhîdîpûr (Téhéran : Intishârât-i Kitâbfurûshî-yi Mahmûdî 1336/1957).

Bahâ'î, Shaykh, *Kulliyât-i ash'âr va âthâr-ı fàrsî Shaykh Bahâ' al-Dîn Muhammad al-'Amilî*. Ghulâm Husayn Jawâhirî (Téhéran : s.d.).

Bâkharzî, Abû'l-Mafâkhir, *Awrâd al-ahbâb wa Fusûs al-âdâb*, Vol. 2 : *Fusûs al-âdâb*. Îrâj Afshâr. (Téhéran : 1979).

Blake : Complete Writings [Œuvres complètes], G. Keynes (Londres : OUP 1972).

Bukharî, Khwâja Imâm Abû Ibrâhîm Ismâ'îl ibn Muhammad Mustamlî, *Shahr-i Ta'arruf li-madhhab al-tasawwuf*, Muhammad Rawshan (Téhéran : Intishârât-i Asâtîr, 1363/1984), 5 vol.

Chabbi, J. «Remarques sur le développement historique des mouvements historiques et mystiques au Khurasan, III°/IX° siècle-IV°/X° siècle», *Studia Islamica*, XLVI (1976) : 5-72.

Chittick, William C. *The Sufi Path of Knowledge : Ibn al-'Arabî's Metaphysics of Imagination*. (Albany : SUNY, 1989).

Corbin, Henry. *Histoire de la philosophie islamique* (Paris, Gallimard, 1964).

Daylamî, Abû'l-Hasan. *Sîrat-i Shaykh kabîr Abû 'Abdullâh Ibn Khafîf Shîrâzî*, traduit en persan par Rukn al-Dîn Yahya ibn Junayd Shîrâzî. Annemarie Schimmel (Téhéran : Intishârât-i Bânk, 1363/ 1984).

Fayd-i Kâshânâ, *Risâla-yi al-Muhâkama*, in *Dah risâlah-yi Muhaqqiq-i Buzurg-i Fayd-i Kâshânî*. R. Ja'fariyân, (Ispahan : Markaz-i tahqîqât-i 'ilmî va dînî Imâm Amîr al-Mû-minîn 'Alî, 1371/1992), p. 95 sq.

Furûzânfar, Badi' al-Zamân. *Ahadîth Mathnawî* (Téhéran : Intishârât-i Amîr Kabîr, 1361/1982).

Ghazâlî, Abû Hâmid al– . *Ihyâ 'ulûm al-dîn.* (Beyrouth : Dâr al-Fikr, s.d., réimpression du Caire, 1352/1933).

Ghazâlî, Abû Hâmid al– *Al-Ghazâlî : Invocations and Supplications* (*Kitâb al-adhkâr wa'l-da'awât*). Traduit par K. Nakamura (Cambridge, ITS, 1990).

Hâfiz, Shams al-Dîn Muhammad. *Dîwân-i Hâfiz.* Parwîz Nâtil Khânlarî (Téhéran : 1359/*1980*).

Hallâj, Husayn ibn Mansûr al– *Akhbâr al-Hallâj.* Trad. Louis Massignon, 3° éd. (Paris, J. Vrin, 1957).

Hamadhânî, 'Ayn al-Qudât. *Tamhîdât.* Ed. Afif Osseiran. (Téhéran : Intishârât-i Manûchihrî, 1962).

Hasrat, Bikrama Jit. *Dârâ Shikûh : Life and Works* (New Delhi : Munshiram Manoharlal, 1982).

Hujwîri, 'Alî. *Kashf al-mahjûb.* V.A. Zhukovskii (Saint-Pétersbourg, 1899, réimpression, Léningrad, 1926).

Ibn 'Atâ'illâh, *Kitâb al-Hikam.* In Paul Nwyia. *Ibn 'Atâ' Allâh (m. en 709/1309) et la naissance de la confrérie Sâdilite. Edition critique et traduction des Hikam, précédées d'une Introduction sur le soufisme et suivies de notes sur le vocabulaire mystique* (Beyrouth : Dar el-Machreq, 1986).

'Ibâdî, Abûl'l-Muzzafar Ardashîr al– *Manâqib al sûfiyya.* N. Mâyil Harawî (Téhéran : 1362/1983).

Ibn Karbalâ'î, Hâfiz Husayn. *Rawdât al-janân wa jannât al-jinân.* Ja'far Sultân al-Qurrâ'î. 2 vol. (Tabriz : B. T. N. K., 1344/1965).

Ibn Munawwar, Muhammad, *Asrâr at-tawhid fî maqâmât Shaykh Abû Sa'îd.* Shafî'î-Kadkanî, 2 vol. (incluant étude et notes, Téhéran, 1987).

Ibn Munawwar, Muhammad, *Asrâr at-tawhîd fî maqâmât Shaykh Abû Sa'îd.* Dh. Safâ (3° éd., Téhéran, Amîr Kabîr, 1354/1975).

Isfahânî, Abû Nu'aym am-. *Hilyat al-awliyâ'*, 10 vol. (Le Caire : Matba'at al-sa'âda, 1932).

Isfarâyinî, Nûr al-Dîn. *Kâshif al-asrâr* et *Rasâla dar ravish-i sulûk va khalvat-nishînî.* trad. H. Landolt, sous le titre, *Nuruddin Isfarayîni, Le Révélateur des Mystères* (Paris : Verdier, 1986).

Jandî, Mû'ayyid al-Dîn, *Nafhat al-rûh wa tuhfat al-futûh*, N ; M ; Naravî (Téhéran : Intishârât-i Mullâ, 1362/1983).

Jâmî, 'Abd al-Rahmân, *Nafahât al-uns.* Mahmûd 'Âbidî (Téhéran, Intîtshârât-i Itilâ'ât, 1370/1991).

Jâmî, 'Abd al-Râhmân, *Bahâristân*, A'lâkhân Asfahzâd (Moscou, Institut des Études Orientales, 1987).

Junayd, al-. *The Life, Personality and Writings of al-Junayd : A Study of a Third/Ninth Century Mystic with an Edition and Translation of his Writings.* Tr. Ali Hassan Abdel-Kader. Gibb Memorial Series (Londres, Luzac & Co., 1976).

Kalâbâdhî, Abû Bakr al–, *Al-Ta'arruf li-madhhab ahl al-tasawwuf.* Tr. A. J. Arberry, sous le titre *The Doctrine of the Sufis* (Cambridge : CUP, 1959).

Kâlâbâdhî, Abû Bakr Muhammad ibn Ishaq al-Bukhârî al– *Kitâb al-ta'arruf li-madhhab ahl al-tasawwuf* (Egypte : Matbâ'a al-Sa'âdat, 1933).

Kâshânî, 'Abd al-Razzâq, *Kitâb Istilâhât al-sûfiyya. A Glossary of Sufi Technical Terms*, tr. de l'arabe par Nabil Safwat, comprenant le texte arabe (Londres, Octagon Press, 1991).

Kâshânî, 'Izz al-Dîn Mahmûd, *Misbâh al-hidâya*, J. Humâ'î (Téhéran : Châpkhâna-yi Majlis, 1946).

Kâshânî, Muhsin Fayd-i, *Dah risâlah-yi Muhaqqiq-i Buzurg-i Fayd-i Kâshânî*. R. Ja'fariyân (Ispahan, Markaz-i tahqîqât-i'ilmî va dînî Imâm Amîr al-Mû'minîn 'Alî, 1371/1992).

Khânaqâhî, Abû Tâhir bin Muhammad al-. *Guzîda dar akhlâq va tasawwuf*. Iraj Afshâr (Téhéran : BTNK, 1347/1969).

Kiyânî, Muhsin. *Târîkh-i khânaqâh dar Irân* (Téhéran : Tahûrî, 1369/1991).

Kubrâ, Najm al-Dîn, *Die Fawâ'ih al-gâmâl wa-fawâtih al-galâl des Nagm ad-dîn al-Kubrâ*. F. Meier (Wiesbaden : Steiner, 1957).

Kubrâ, Najm al-Dîn, *Al-'usûl al-'asharat*, traduction perse et commentaire par 'Abd al-Ghafûr Lârî. Najîb Mâyil Haravî (Téhéran : 1363).

Kulaynî, Abû Ja'far al-. *Al-Usûl al-kâfî*. Ed. Lithographe (Lucknow : 1885).

Lâhîjî, 'Abd al-Razzâq. *Gawhar-i murâd*. Z. Qurbânî Lâhîjî (Téhéran : Vizârat-i farhang u irshâd-i islâmî, 1372/1993).

Lâhîjî, Muhammad. *Mafâtîh al-i'jâz fî shahr-i Gulshan-i râz*. R. Khâliqî & 'I. Karbâsî (Téhéran : Zawwâr, 1371/1992).

Lâhûrî, Abû'l-Hasan 'Abd al-Rahmân Khatimî. *Sharh-i 'irfânî ghazalhâyi Hâfiz*, Bahâ al-Dîn Khurramshâhî, Kûrush Mansûrî, Husayn Matî'î Amîn (Téhéran : Nashr-i Qatrah, 1374/1995), 4 vol.

Lewisohn, Leonard, «An introduction to the history of modern Persian Sufism». Une étude en deux parties in *The Bulletin of the School of Oriental & African Studies*, vol. 61, 3 (1998) : p. 437-64, vol. 62, 1 (1999), p. 36-59.

Lewisohn Leonard, *The Heritage of Sufism* (3 vol.), (Osford, Oneworld, 1999).

Maghribî, Muhammad Shîrîn, *Dîwân-i Muhammad Shîrîn Maghribî,* texte persan établi par Leonard Lewisohn. Collection Sagesse de Perse XLIII (Téhéran : Mc Gill Institute of Islamic Studies, Teheran Branch ; Londres : SOAS, 1993).

Makkî, Abû Tâlib. *Qût al-qulûb* (Beyrouth : Dâr Sâdir, s.d.).

Manerî, Sharaf al-Dîn. *Maktûbat-i Sadî*, tr. Paul Jackson sous le titre *Sharafuddin Maneri : The Hundred Letters* (NY : Paulist Press, 1980).

Maybudî, Rashîd al-Dîn. *Kashf al-asrâr wa 'uddat al-abrâr.* 'Alî Asghar Hikmat (Téhéran, Intishârât-i Dânishgâhî, 1952-60), 10 vol.

Mullâ Sadrâ, *Kasr Asnâm al-jâhiliyya fî al-radd 'alâ mutasawwafa.* Muhammad Taqî Dânishpazhûh (Téhéran : Dânishkadih-i 'ulûm-i ma'qûl va manqûl, 1340/1962).

Nasafî, 'Azîz al-Dîn, *Zubdat al-haqâ'iq*. H. Nâsirî (Téhéran : Kitâbkhâna Tahûrî, 1985).

Nasafî, 'Azîz al-Dîn, *Kitâb Insân al-kâmil.* Marijan Molé (réimpression à Téhéran : Editions Tahuri, 1983).

Nasafî, 'Azîz, *Kashf al-haqâ'iq.* Ahmad Dâmghânî (Téhéran : BTNK, 1359/1980).

Nicholson, R.A. «A historical enquiry concerning the origin and development of Sufism, with a list of definitions of the terms 'sûfî' and 'tasawwuf', arranged chronologically», *Journal of the Royal Asiatic Society* (1906), p. 303-53.

Nurbakhsh, Javad. *Spiritual Poverty in Sufism.* Tr. L. Lewisohn, Londres : KNP, 1984).

Nurbakhsh, Javad. *Hasan Basrî : pîr-i payravân-i tarîqat va râhnamâ-yi javânmardân* (Londres : Khânaqâh-i Nî'matu'llâhî, 1375/1996).

Nurbakhsh, Javad, *Traditions of the Prophet*, vol. 1, tr. Leonard Lewisohn (NY : KNP, 1981).

Nurbakhsh, Javad, *Dhû'l-Nûn Misrî : Az Mashâhîr-i dânishmandân u sûfiyân-i Misr.* (Londres : Khânaqâhî Ni'matu'llâhî, 1999).

Qushayrî, Abû'l-Qâsim al–, *al-Risâlat al-Qushayriyya.* Zâriq/Baltajî (Beyrouth : Dâr al-Jalîl, 1990).

Râzî, Najm al-Dîn, *Misrâd al-'ibâd min al-mabdâ' ilâ'l-ma'âd.* Muhammad Amîn Riyâhî, 2° éd. (Téhéran : Intishârât-i 'Ilmî u farhangî, 1986).

Rûmî, Jalâl al-Dîn, *The Mathnawi of Jalalu'ddin Rumi'.* Texte persan établi et traduit par R.A. Nicholson, avec un commentaire (Londres & Leyde, 1925-40 ; réimpression, Londres : Luzac, 1982), 8 vol.

Rûmî, Jalâl al-Dîn, *Fîhî mâ fîhi*. Badî' al-Zamân Furûzânfar (Téhéran, Amîr Kabîr, 1348/1969, 2° éd.).

Rûzbihân Baqlî Shîrazî, *'Abhar al-'âshiqîn*, H. Corbin et M. Mu'în (réimpression à Téhéran : Editions Manouchehri, 1987).

Rûzbihân Baqlî Shîrazî. *Sharh-i shathîyyât*, Henry Corbin, Bibliothèque iranienne 12 (Téhéran : Département d'iranologie de l'Institut franco-iranien, 1966).

Sa'dî. *Kullyât-i Sâ'dî*. Ed. Muhammâd 'Alî Furûghî (Téhéran : Amîr Kabîr, 1363/1984).

Sa'dî, *Gulistân*, éd. Khâlîl Khatîb Rahbar (Téhéran : Bungâh-i Mathû'atî Safî 'Alî Shâh, 1969).

Sam'ânî, Ahmad. *Rawh al-arwâh fî sharh asmâ' al-malik al fattâh*, Najîb Mâyil Hiravî (Téhéran : Shirkat-i intishârât-i 'ilmî wa farhangî, 1368).

Sanâ'î Hakîm Abû'l-Majdûd-i Âdam. *Hadîqat al-haqîqa va sharî'at al-tarîqa*. Mudarris Radavî (Téhéran : Intishârât-i Dânishgâh-i Tihrân, 1359/1980.

Sarrâf, M. *Rasâ'îl-i javâmardân* (Téhéran : Institut franco-iranien : Paris, Maisonneuve, 1973).

Sâ'ib Tabrîzî. *Kulliyyât-i Sâ'ib Tabrîzî*, Amîrî Firûzkûhî (Téhéran, Khayyâm, 1373/1994).

Sarrâj Tûsî, Abû Nasr al–, *Kitâb al-luma' fî'l-tasawwuf*, R.A. Nicholson (Londres/Leyde : Luzac &Co, 1914).

Shabîstarî, Mahmûd, *Gulshan-i râz*. In Samad Muwahhid, *Majmû'a-i âthâr-i Shaykh Mahmûd Shabistarî*, 2° impression (Téhéran : Kitâbkhâna-i tahûrî, 1365/1986).

Shabistarî, Mahmûd, *Sa'adatnâma*. In Samad Muwahhid, *Majmû'a-i âthâr-i Shaykh Mahmûd Shabistârî* (Téhéran, Kitâbkhâna-i tahûrî, 1365/1986).

Shâh Ni'matu'llâh Walî, *Risâlahâ-yi Hadat Sayyid Nûr al-Dîn Shâh Nî'm atu'llâh Walî*, Dr Javad Nurbakhsh (Téhéran : Intishârât-i Khânaqâh-i Nî'matu'llâhî, 1357/1978), 4 vol.

Suhrawardî, Abû Najîb al–, *Adâb al-murîdîn*. Texte arabe avec traduction en persan, par 'Umar ibn Muhammad ibn Ahmad Shîrakân, N. Mâyîl Haravî (Téhéran : Intishârât-i Mullâ, 1984).

Suhrawardî, Shihâb al-Dîn Abû Hafs 'Umar, *'Awârif al-ma'ârif*, tr. en persan par Abû Mansûr 'Abd al-Mu'mîn Isfahânî, Qâsim Ansârî (Téhéran, Sharkat-i Intishârât-i 'ilmî wa Farhangî, 1364/1985).

Sulamî, 'Abd al-Rahmân, *Risâlat al-malâmatiyya*. Abû'l-'Alâ al-'Afîfî in *Al-malâmatiyya wa'l-sûffiya wa ahl al-futuwwa* (Le Caire, 1945).

Tûsî, Ahmad b. Muhammad al–, *Bawâriq al-ilma'*, in James Robson, *Tracts on Listening to Music* (Londres, RAS, Oriental Translation Fund, vol. 34 NS, 1938).

Zarrinkub, A. H., «Persian Sufism in historical perspective», *Iranian Studies*, III/3,4 (1970), p. 139-220.

INDEX DES PERSONNES CITÉES